R. Brückner/U. Höffer/U. Weber

Training Aufsatz Appellieren, Beschreiben, Berichten

5./6. SCHULJAHR

BEILAGE: LÖSUNGSHEFT

Ernst Klett Verlag
Stuttgart Düsseldorf Leipzig

Dieser Band stellt eine gekürzte und verbesserte Fassung des Buches Training, Appellieren, Beschreiben, Berichten 5./6. Schuljahr, Klettbuch 92 20 69, dar.

Gedruckt auf Papier, das aus chlorfrei gebleichtem Zellstoff hergestellt wurde.

Die Deutsche Bibliothek – CIP-Einheitsaufnahme

Ein Titeldatensatz für diese Publikation ist bei Der Deutschen Bibliothek erhältlich

3. Auflage 2001
Dieses Werk folgt der reformierten Rechtschreibung und Zeichensetzung.

Internetadresse: http://www.klett-verlag.de/klett-lerntraining
E-Mail: klett-kundenservice@klett-mail.de
Zeichnungen S. 108 und 111: Richard Bargel, Köln
Gesamtherstellung: Wilhelm Röck, Weinsberg
Einband- und Innengestaltung: Bayerl & Ost, Frankfurt/M.
ISBN 3-12-922088-7

INHALT

APPELLIEREN

BESCHREIBEN

BERICHTEN

APPELLIEREN

1 Verbote – Gebote – Warnungen

Die Schüler der 6b kommen an einem Mittwochmorgen in die Schule und sehen am Schultor ein Schild mit folgendem Text:

> **Abstellen von Fahrrädern verboten!**
>
> Unbefugt abgestellte Fahrräder werden kostenpflichtig entfernt!
>
> Die Schulleitung

Viele Eltern und Schüler sind der Meinung, dass dieser Text sehr unhöflich sei, die gute Atmosphäre der Schule empfindlich störe. Da Ermahnungen und gute Worte bisher nichts genützt haben, meint der Direktor, müsse auf jeden Fall dort ein Schild angebracht sein. Er sei aber auch bereit, ein Schild mit einem anderen Text aufhängen zu lassen.

AUFGABE 1 Wie wirkt das Schild auf dich? Kreuze an.

- ☐ ansprechend
- ☐ bittend
- ☐ informativ
- ☐ bestimmend
- ☐ höflich
- ☐ unhöflich

AUFGABE 2 Was will der Schulleiter mit einem solchen Schild erreichen? (Absicht) Kreuze an.

- ☐ Er möchte den Schülern verbieten, mit dem Fahrrad zur Schule zu kommen.
- ☐ Er möchte, dass der Fahrradkeller benutzt wird.
- ☐ Er möchte die Schüler auffordern, ihre Fahrräder nicht mehr am Schultor, sondern im Fahrradkeller abzustellen.

AUFGABE 3

Welche Gründe könnte er haben? (Begründung) Kreuze an.

- ☐ Er will den Schülern endlich einmal zeigen, wer das Sagen hat.
- ☐ Er will Ärger mit der Nachbarschaft und der Polizei vermeiden.
- ☐ Er will zeigen, dass an seiner Schule Ordnung herrscht.

MERKE

Will man erreichen, dass Personen einer Aufforderung oder Bitte nachkommen, dann sollte man möglichst Absicht und Begründung nennen.

Der Schulleitung ist es nicht gelungen, mit dem Schild die Schüler zu bewegen, ihrer Aufforderung nachzukommen.

AUFGABE 4

Was fehlte nach Meinung vieler Eltern und Schüler bei dem Schild? Zwei der folgenden Begriffe machen dies deutlich. Unterstreiche die beiden Begriffe.

Einladung **Aufforderung** **freundliche Ansprache** **Zeichnung**

Begründung **Information** **Verbot**

Die Schüler überlegen sich nun andere Texte für das Schild und wollen diese der Schulleitung als Vorschlag vorlegen. Die Vorschläge, die sie erarbeitet haben, findest du auf der folgenden Seite.

a)

Stellt eure Fahrräder bitte ab heute in den Fahrradkeller. Ihr erspart uns dadurch viel Ärger mit den Nachbarn und der Polizei. Danke für euer Verständnis!

Die Schulleitung

b)

Eure Fahrräder gehören in den Fahrradkeller. Hier behindern sie die Fußgänger. Im Interesse einer guten Nachbarschaft müssen wir künftig alle hier abgestellten Fahrräder kostenpflichtig entfernen lassen.

c)

Denkt daran: Eure Fahrräder gehören in den Fahrradkeller!

AUFGABE 5

Unterstreiche in den Textvorschlägen

die Absicht ________________

die Begründung - - - - - - - - - - - - - - - -

die freundliche Ansprache ....

AUFGABE 6

Für welchen Vorschlag würdest du dich jetzt entscheiden? Kreuze an. Begründe dann deine Entscheidung.

a) ☐ b) ☐ c) ☐

Im Lösungsheft kannst du nachlesen, für welchen Vorschlag sich die 6b entschieden hat. Stimmt deren Entscheidung mit deiner überein?

MERKE

Wenn man mit einer Aufforderung oder Bitte etwas bei jemand anderem erreichen will, sollten möglichst Absicht, Begründung und freundliche Ansprache im Text enthalten sein.

Bei der Diskussion über das beste Schild wirft Michaela ein, dass es gar nicht so einfach sei, ein Verbot mit freundlicher Ansprache zu verbinden. Die übrigen Mitschüler stimmen ihr zu. Außerdem komme es auch noch darauf an, ob man Kinder, Erwachsene oder beide zusammen anspricht.
Wenn du auch dieses Problem hast, dann hilft dir die folgende Übung.

AUFGABE 7

Unterstreiche erst einmal alle Möglichkeiten, die eine freundliche Ansprache enthalten.

Würdet ihr bitte ...

Es wäre nett, wenn Sie ...

Ich möchte Sie höflichst darauf aufmerksam machen, dass ...

Du sollst ... unterlassen.

Ich bitte euch ...

Unterlassen Sie gefälligst ...

Wäret ihr bitte so freundlich und ...

Ich bitte höflich zu beachten, dass ...

Ich bitte darum, dass ...

Denken Sie bitte daran ...

Ich danke euch für ...

Ich verbiete Ihnen ...

Ich fordere euch auf, ...

Ich bitte um Verständnis dafür, ...

Vielen Dank für das entgegengebrachte Verständnis.

AUFGABE 8

Wer ist mit den freundlichen Ansprachen gemeint? Ordne in die Tabelle ein.

Kinder	Erwachsene	Erwachsene und Kinder

MERKE

Wenn du jemanden freundlich ansprechen willst, musst du beachten, ob Kinder, Erwachsene oder Kinder und Erwachsene angesprochen werden sollen.

AUFGABE 9

Formuliere nun einmal „eigene Verbotsschilder“ und schreibe sie auf. Denke dabei an das, was du gelernt hast.

Beispiele:

– Es ist verboten, dein Zimmer zu betreten.

– Es ist verboten, deinen Hamster aus dem Käfig zu nehmen.

– Es ist verboten, mit deinem Computer zu spielen.

AUFGABE 10

Diese Verbotsschilder sind dir sicherlich bekannt. Nun hast du gelernt, dass man Verbote auch anders ausdrücken kann. Schreibe als Übung diese Verbote anders formuliert in dein Heft. Überprüfe, ob deine Texte Absicht, Begründung und freundliche Ansprache enthalten.

a) Betreten der Baustelle verboten! Eltern haften für ihre Kinder!

b) Spielen im Hausflur ist verboten!

c) Rasen betreten verboten!

d) Ballspielen verboten!

e) Radfahren auf dem Schulhof ist untersagt!

Die SV stellt den Mitschülern nach der letzten SV-Sitzung die neue Schulordnung vor. Da heißt es in dem Abschnitt zur Pausenregelung:

> Es ist verboten, im Gebäude zu bleiben. Die Schüler dürfen das Schulgelände nicht verlassen. Das Ballspielen auf dem Hof ist nicht erlaubt. Es wird untersagt, Abfälle auf den Boden zu werfen.

Die Schüler der 6b sind mal wieder entsetzt. Zu Recht, findest du nicht? Verbote, Verbote …
„Kann man das nicht anders sagen?“, fragt Patrick. „Kann man uns nicht mal sagen, was wir in den Pausen dürfen?“, meint Ingo. „Genau!“, stimmen ihm alle zu. Patrick sieht sich den Abschnitt noch einmal an und stellt fest: „Also, wir sollen uns in den Pausen auf dem Schulhof aufhalten, Ballspielen dürfen wir auf der dafür vorgesehenen Wiese und unsere Abfälle sollen wir in den Papierkorb werfen.“

AUFGABE 11

Formuliere jetzt einmal den Abschnitt zur Pausenregelung so, dass deutlich wird, was die Schüler in der Pause tun sollen bzw. dürfen.
Schreibe den Text in dein Heft. Im Lösungsheft findest du einen Vorschlag. Stimmt dein Vorschlag sinngemäß mit diesem überein?

MERKE

Wenn du dich mit einer Bitte oder einer Aufforderung an jemanden wendest, um etwas zu verbieten, dann spricht man von einem **Verbot.**
Du kannst dich aber auch an jemanden wenden, um ihm zu sagen, dass er etwas Bestimmtes tun soll. Dann spricht man von einem **Gebot.**
Wenn du jemanden auf eine Gefahr aufmerksam machst, spricht man von einer **Warnung.**

Wenn du mit dem Fahrrad zur Schule fährst, hast du vielleicht schon einmal dieses Schild gesehen.

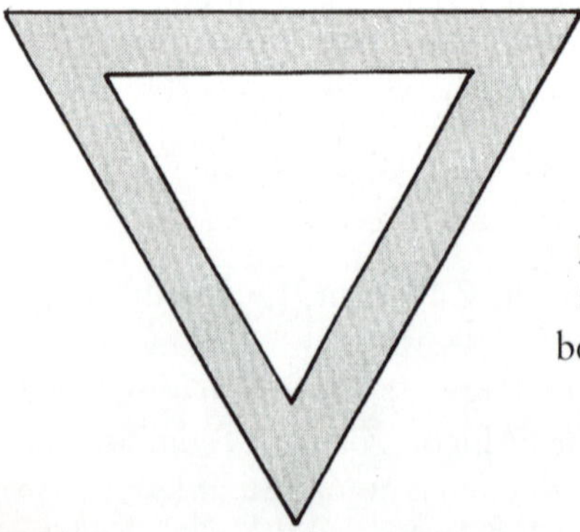

Dieses Schild bedeutet:

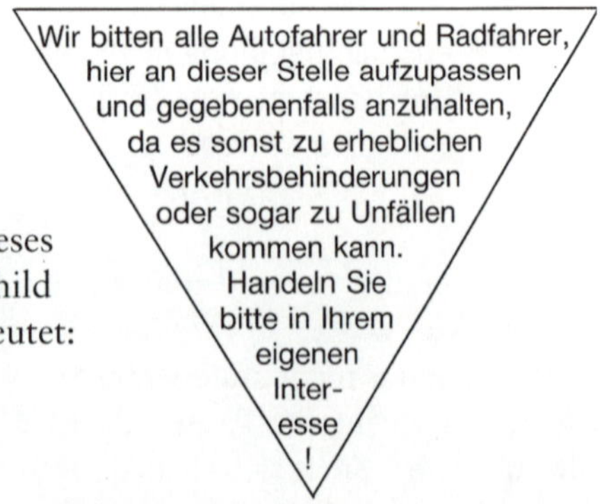

AUFGABE 12

a) Welche Argumente sprechen dafür, sich im Straßenverkehr mit einem Schild ohne Text zu verständigen?

____

____

____

b) Was bedeutet dieses Schild? Kreuze an.

☐ Verbot ☐ Gebot ☐ Warnung

AUFGABE 13

Diese und ähnliche Zeichen hast du bestimmt schon einmal gesehen. Es sind Zeichen für Gebote, Verbote, Warnungen und Hinweise. Ordne diese Begriffe den Zeichen zu.

 a) ________________

 c) ________________

 b) ________________

 d) ________________

AUFGABE 14 Auch das sind Verbote, Gebote, Hinweise und Warnungen. Fertige eine Tabelle an und ordne sie ein.

Vorsicht!
Anhänger schwenkt aus.

Verkauf um die Ecke

Das Radfahren auf dem Schulhof ist verboten.

DAS BETRETEN DES RASENS IST VERBOTEN.

Ballspielen nur auf der Wiese erlaubt.

Notausgang

Beim Laufenlassen der Motoren besteht Vergiftungsgefahr!

Liebe Deinen Nächsten.

MERKE

Mit Verboten, Geboten und Warnungen **appelliert** man an jemanden. Je nach Situation können sie knapp formuliert sein oder mit Zeichen, die vereinbart sind, ausgedrückt werden.

2 Werbesprüche

Kai und Uwe haben zu Weihnachten von Freunden und Verwandten einen großen Batzen Geld geschenkt bekommen. Voller Stolz zeigen sie sich gegenseitig ihre „angeschwollenen“ Sparbücher. Sie kommen überein, etwas ganz Tolles dafür zu kaufen. Aber was? „Ich hab's“, ruft Kai. „Wir mischen auf der Domplatte mit!“ „Auf der Domplatte?“, fragt Uwe. „Willst du etwa Skateboard fahren?“ „Na klar, ist doch super, oder?“, antwortet Kai und legt seinen Oberkörper leicht nach vorn, so als ob er schon auf dem Skateboard seine Runden drehte. „Ich seh mich schon im Wettstreit mit den Jungs vom Aposteln-Gymnasium, die schlagen wir um Längen!“ „Ist ja schön und gut“, wirft Uwe ein, „aber welches Skateboard steht denn zur Debatte?“ Kai weiß darauf aber auch keine Antwort, und so beschließen die beiden Freunde, sich im Kaufhaus über das Marktangebot zu informieren und sich erst dann zu entscheiden. Zwei Tage später stehen sie etwas ratlos in der Sportabteilung im Kaufhof.

a) MIT DEM SKATEBOARD AUF DU UND DU
HAUTNAH DAS FAHRGEFÜHL ERLEBEN!

b) AUGENBLICK MAL!
JA DU!
DICH MEINE ICH!
AUGEN AUF!
DIESES SKATEBOARD KANN
NOCH HEUTE DIR GEHÖREN!

c) HAST DU EIN SKATEBOARD
UNTERN FÜSSEN,
LÄSST INGE NUR NOCH DICH
JETZT GRÜSSEN.

AUFGABE 1

Du sollst den beiden helfen. Sieh dir dazu die Werbesprüche (S. 14/15) genauer an. Unterstreiche zunächst einmal alle Aufforderungssätze.

AUFGABE 2

Unterstreiche nun mit gestrichelten Linien diejenigen Sätze, in denen versteckte Aufforderungen enthalten sind.

d) WILLST DU DER KÖNIG DER DOMPLATTE SEIN?
UNSER SCHNITTIGES ROLLBRETT
SETZT DIR DIE KRONE AUF!
DIE GELDAUSGABE LOHNT SICH.
ALSO RAN!!!

e) Von namhaften Sportlern empfohlen:
- LIGHT SKATEBOARD -
spurgenaue Fahreigenschaften
butterweiche Federung
mehrfach gelagert
superleicht, soft
bombensicheres Abbremsen
wettkampfgeeignet
TÜV-geprüft
absolut sicher!

f) DAS REINE FAHRVERGNÜGEN
SCHRILLE FARBTÖNE
LICHTREFLEXE, BESONDERS NACHTS IM
SCHEINWERFERLICHT SEHR WIRKUNGSVOLL.
DAMIT SCHINDEST DU BEI JEDER
FLAMME EINDRUCK!

g) De kleene, dicke Dieter
sät zu singem Papp:
"Papp, ich muss e Rollbrett han ..."
DU BRAUCHST AUCH
EINS!
Nur damit bist du in, kannst mit deinen Freunden konkurrieren.
KAUF DIR EINS!

AUFGABE 3

Worin unterscheidet sich Werbespruch c) von den anderen? Was wird damit beabsichtigt?

AUFGABE 4

Versuche einmal in Spruch a) und c) die einzelnen Satzglieder umzustellen. Ändert sich dadurch etwas?

In Werbesprüchen stecken sowohl direkte als auch versteckte Kaufaufforderungen.

MERKE

AUFGABE 5

In welchen Werbesprüchen wird das Produkt nicht erwähnt? Weiß man trotzdem, worum es geht?

AUFGABE 6

In einem Werbespruch kommen Experten zu Wort. In welchem? Was wird damit beabsichtigt?

AUFGABE 7

Schreibe nun alle Informationen heraus, die dir die einzelnen Sprüche liefern. Sortiere sie einerseits nach Informationen, die dir wirklich Auskunft über das Produkt geben und andererseits nach Scheininformationen. Das sind solche, die nur vorgeben, etwas über das Produkt auszusagen. In Wirklichkeit sprechen sie nur das Gefühl an.

Informationen	Scheininformationen
– breite Standfläche	– hautnahes Fahrgefühl

Mit Hilfe der Werbung soll der Käufer bei seiner Kaufentscheidung beeinflusst werden. Hier findest du einige Kniffe, die dabei angewandt werden.

1. Es wird gereimt, damit der Spruch ins Ohr geht.
2. Wissenschaft und Experten werden bemüht, damit das Angebot seriös klingt.
3. Man schreibt im Telegrammstil.
4. Modewörter und Fremdwörter werden benutzt.

5. Der Käufer soll sich durch das vertrauliche Du angesprochen fühlen.
6. Es wird übertrieben: super, unwahrscheinlich ...
7. Das Gefühl, nur mit diesem Produkt etwas Besonderes zu sein, wird angesprochen.

AUFGABE 8

Ordne nun die Werbesprüche diesen Kniffen zu.

AUFGABE 9

Entwirf selbst einen Werbespruch, der dich zum Kauf eines Skateboards überzeugt hätte. Beachte dabei folgenden Merksatz.

MERKE

Werbesprüche sind auf bestimmte Käufergruppen abgestimmt, die direkt oder versteckt zum Kauf aufgefordert werden.
Sie gehen auf den Käufer ein. Sie beeinflussen ihn dadurch, dass sie Wünsche und Träume wecken. Das geschieht durch eine eingängige, einprägsame Sprache.
Werbesprüche enthalten aber auch Informationen, die jedoch sehr einseitig sind. Nur die vorteilhaften Seiten einer Ware werden herausgestellt.

3 Etwas zum Verkauf anbieten

Simone und Anna wollen ihre großen Ferien mit einer Jugendgruppe an der Ostsee verbringen. Annas Eltern waren zwar zunächst dagegen, gaben aber ihre Zustimmung, nachdem Anna ihre Bereitschaft bekundet hatte, die Hälfte der Kosten selbst zu tragen. Dazu will sie ihre ohnehin zu klein gewordene Skiausrüstung verkaufen. Drei Wochen vor Schuljahresende sagt Anna jedoch enttäuscht die Fahrt ab, weil sich niemand auf ihr Angebot hin gemeldet und sie somit auch kein Geld zur Verfügung hat.
„Was hast du denn nur geschrieben, dass sich niemand gemeldet hat?“, fragt Simone. „Zeig doch mal her!“

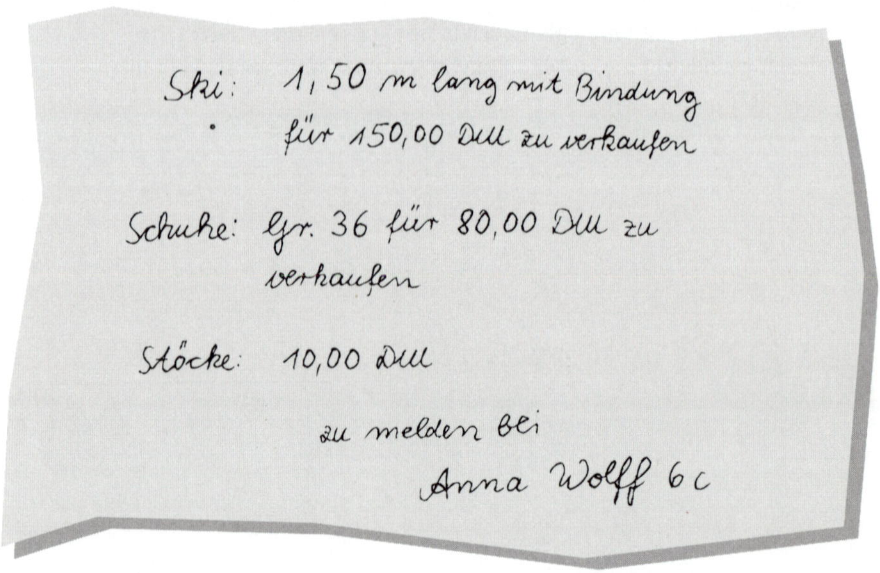
Ski: 1,50 m lang mit Bindung für 150,00 DM zu verkaufen

Schuhe: Gr. 36 für 80,00 DM zu verkaufen

Stöcke: 10,00 DM

zu melden bei
Anna Wolff 6c

„Damit kannst du auch keinen Hund hinter dem Ofen hervorlocken. Komm, wir versuchen es mal gemeinsam! Ich habe nämlich keine Lust, ohne dich zu fahren“, sagt Simone.

Am nächsten Tag hängt folgender Anschlag am Wandbrett:

Der nächste Winter kommt bestimmt!

Und die nächste Skifreizeit auch!

Ich habe das supergünstige Angebot
genau für DICH.

Ski: Atomic, wie neu für Allround-Fahrer
1,50 m, modisch in Pink, noch ganz
scharfe Kanten.
Marker-Sicherheitsbindung, über
die Hälfte billiger.
Die Stöcke gibt's als Zugabe.

nur 150,- DM

Schuhe: weiß, Gr. 36, gerade richtig eingelaufen, bequem wie Pantoffeln,
fast geschenkt.

80,- DM

zusammen: 230,- DM

Wer zuerst kommt, mahlt zuerst.

Anna Wolff 6c

AUFGABE 1

Vergleiche die beiden Anschläge miteinander.

a) Schreibe die Informationen heraus. Dazu fertigst du am besten eine Tabelle an:

	Anschlag 1	Anschlag 2
Ski		
Schuhe		
Stöcke		

b) Welcher Anschlagzettel ist ansprechender aufgemacht? Begründe.

MERKE

Ein Anschlagzettel muss folgenden Anforderungen entsprechen.
Er muss
1. die Aufmerksamkeit auf sich ziehen
2. wichtige Informationen in verständlicher Form enthalten
3. schnell lesbar sein
4. den Leser ansprechen und die Vorteile des Angebots herausstellen.

AUFGABE 2

Überprüfe, inwieweit die beiden Zettel diese **Anforderungen** erfüllen. Fertige dazu wieder eine Tabelle an, das erleichtert dir die Arbeit. Benutze die Abkürzungen beachtet (b), teilweise beachtet (tb), nicht beachtet (nb).

Anforderung	Anschlag 1	Anschlag 2
1.		
2.		
3.		
4.		

AUFGABE 3

Entwirf nun selbst einen Anschlagzettel, in dem du dein Crossrad zum Verkauf anbietest.

Hier findest du einige Angaben zum Rad, die du verwenden kannst:

- stabiler Rahmen
- gute Profilreifen/rot
- wirkungsvolle Bremsen
- an gefährlichen Stellen abgepolstert
- für jedes Gelände geeignet
- billig

4 Zum Geburtstag einladen

Als Petra und Anna ihre Klasse betreten, ist dort der Teufel los. Zwei Mitschüler haben für den kommenden Samstag gleichzeitig zu ihrem Geburtstag eingeladen. Jeder aus der Klasse 6b hält zwei Einladungen in der Hand.

Liebe Mitschülerinnen und Mitschüler,

hiermit möchten ich und meine Eltern euch alle zu meinem diesjährigen Geburtstag in unseren Partykeller einladen. Wir würden uns glücklich schätzen, wenn ihr alle kämet. Auf jeden von euch wartet eine kleine Überraschung. Für gute Musik und ein kaltes Bufett ist gesorgt. Es wäre schön, wenn ihr so gegen 16 Uhr kommen würdet und euch dann bis 21 Uhr die Zeit nähmet, um mit uns gemeinsam zu feiern.

Es grüßt euch herzlich
euer Martin

Hallo,

an meinem Geburtstag, also am 16. 6., steigt eine tolle Fete. Wer Lust hat, kann ja am Samstag mal reinschauen. Cola gibt's reichlich und umsonst. Stimmung müsst ihr mitbringen.
Wenn ihr gut drauf seid, lasst euch doch mal blicken!
Alles klar? Bis Samstag!

Jens

AUFGABE 1 Schreibe auf, was in der ersten und in der zweiten Einladung fehlt.

Als Anna die Einladungen gelesen hat, runzelt sie die Stirn und flüstert Petra ins Ohr: „Diese Einladung ist ja wohl aus dem vorigen Jahrhundert. Ich finde Martin sowieso ziemlich seltsam. Wie doof, dass ich die Einladungen immer meinen Eltern zeigen muss. Wenn die nicht so altmodisch wären, würde ich zu Jens gehen.“ „Meine Eltern lassen mir freie Hand. Die sind total locker. Ich muss nur spätestens um zehn abends zu Hause sein“, sagt Petra ein wenig mitleidig.

AUFGABE 2 Schreibe die Einladung von Martin so um, dass sie nicht mehr altmodisch wirkt.

AUFGABE 3 Warum kommt die zweite Einladung bei den beiden Mädchen besser an?

Von allen unbemerkt hat Frau Schön, die Klassenlehrerin der 6b, die ganze Aufregung eine Zeit lang beobachtet. Ein kurzer Blick auf die Einladungen, und sie lacht laut los. „Das ist ja ein interessantes Stundenthema“, bemerkt sie. „Passt einmal auf! Ich möchte euch bei eurem Problem ein wenig helfen. Versucht doch mal, eine Einladung zu schreiben, die sowohl euch als auch allen Eltern gefällt – den strengen und den eher lockereren! Achtet bitte auf das, was ich jetzt an die Tafel schreibe.“

MERKE

Eine Geburtstagseinladung muss mindestens enthalten:
- das Datum der Einladung im Briefkopf oben rechts,
- eine freundliche Anrede (hinter die Anrede gehört ein Komma)
- das Datum des Festes, die Adresse und eine Wegbeschreibung bzw. wichtige Verkehrsverbindungen,
- eine freundliche Schlussformel.

AUFGABE 4

Schreibe nun wie die Schüler der 6b eine Geburtstagseinladung. Denke daran, was die Lehrerin an die Tafel geschrieben hat.

Eine Viertelstunde vor Schluss ist schließlich auch der letzte fertig geworden. Frau Schön hat allen mal über die Schulter geguckt und geht nun lächelnd mit Michaelas Heft nach vorne: „Ich glaube, ich habe die Tagessiegerin gefunden. Hört mal zu!"
Nachdem Frau Schön vorgelesen hat, geht ein Raunen, Kichern, Glucksen durch die Reihen.
Patrick meldet sich: „Die Eltern lassen sich doch nicht für dumm verkaufen", meint er empört.
„Wieso?", ruft Petra aufgeregt, „intelligente Eltern kapieren das doch sofort!"
„Also ich finde eine solche Einladung ziemlich überheblich", äußert sich Sven.
„Ich glaube, eure Eltern haben dreimal soviel Humor wie ihr!", verteidigt sich Michaela.

AUFGABE 5

Beschreibe, was Michaelas Vorschlag (S. 25) von den beiden anderen unterscheidet.

AUFGABE 6

Unterstreiche diejenigen Formulierungen, an denen die Ironie in Michaelas Einladung besonders deutlich wird. (Ironie: Man drückt mit einer Äußerung das Gegenteil von dem aus, was man wörtlich sagt.)

AUFGABE 7

Schreibe einen Geburtstagswunschzettel für deine Eltern in einem ähnlichen Stil wie Michaela die Einladung.

Liebe Eltern der Klasse 6b,

ich wende mich direkt an Sie als Erziehungsberechtigte Ihres noch unmündigen Kindes. Ich muß Sie dringend davor warnen, am kommenden Samstagnachmittag (16.6) Ihr Kind aus dem Haus zu lassen.
Ich habe nämlich Geburtstag.
Meine Eltern bestehen aus ziemlich altmodischen Gründen auf einem Geburtstagsfest. Ja, sie halten sogar ein Ende um 21 Uhr für angemessen.
Ohne meine Einwilligung haben sie schon Cola, Limo und Musikkassetten in ihrem Partykeller gestapelt.
Passen Sie bitte am Samstag kurz vor 16 Uhr besonders gut auf Ihr Kind auf!
Sollte es wider Erwarten doch abhanden kommen, so finden Sie es wahrscheinlich unter folgender Adresse:
Familie Festtag
Holzweg 10, Telefon 12345
Ich hoffe, dass wir alle den Samstag gut überstehen werden.

Ihre Michaela Festtag

5 Einen Entschuldigungsbrief schreiben

Patrick ist geknickt. Er hat sich für den Pfingstausflug das Fahrrad von Mischa ausgeliehen. Leider hat er in einem unbedachten Augenblick einen Grenzstein übersehen und ist dagegen gefahren, so dass Vorderrad und Schutzblech des geliehenen Rades verbogen sind. Natürlich hat er sofort versucht, sich bei Mischa zu entschuldigen und ihm die Sachlage zu erklären. Dieser aber wehrt unwirsch ab: „Was habe ich von deiner Entschuldigung? Mein Rad ist kaputt! Ich leihe dir nie mehr etwas.“
Was nun? Da hat seine Mutter plötzlich die Idee. „Wie wär's, wenn du Mischa einen Brief schreibst, in dem du dich schriftlich entschuldigst und ihm anbietest, den Schaden zu ersetzen. Vielleicht akzeptiert er deine Erklärung und ist wieder versöhnlich gestimmt.“
Patricks Brief sieht folgendermaßen aus:

Köln, den 2. 6.

Lieber Mischa,

am Pfingstsonntag war sehr schönes Wetter, als ich mit deinem Rad fuhr.
Wir haben einen abgelegenen Weg am Rhein gefunden, und uns sind auch nicht so viele Leute begegnet. Es hat richtig Spaß gemacht. Aber auf einmal, als ich gerade nach hinten guckte, ist es dann passiert.
Es krachte, und beinahe wäre ich auch noch hingeflogen. Stell dir das mal vor! Aber so hat dieser blöde Grenzstein zum Glück nur dein Fahrrad beschädigt.
Das tut mir leid. Ich kann's ja reparieren lassen.

Viele Grüße
dein Patrick

AUFGABE 1

Sicher hast du einige Verbesserungsvorschläge für diesen Brief. Denke daran, du willst dich entschuldigen und kein Erlebnis erzählen. Versuche deshalb, den Anfang zu kürzen.

AUFGABE 2

Überlege einmal, ob die Entschuldigungsgründe ausreichen, und ob sie geschickt formuliert sind.

Hier sind einige Anmerkungen, die dir bei deinen Überlegungen helfen können. Unterstreiche, welche dir brauchbar erscheinen.

a) Gründe für die Entschuldigung
   1. Ich war unaufmerksam.
   2. Auf geliehene Sachen muss man besonders gut aufpassen.
   3. Es ist besonders peinlich, wenn etwas Geliehenes beschädigt wird.
   4. Der Grenzstein war im Weg, da konnte keiner etwas dafür.

b) Formulierungen
   1. Ich träumte, was ich besser nicht getan hätte.
   2. Durch meine Unaufmerksamkeit habe ich dein schönes Fahrrad beschädigt.
   3. Ich bin untröstlich.
   4. Der Grenzstein stand natürlich im Weg. Wenn ich aber aufgepasst hätte, wäre wahrscheinlich nichts passiert.

AUFGABE 3

Der letzte Satz des Briefes klingt nicht sehr überzeugend. Denke daran, dass der Verleiher wieder freundlich gestimmt werden soll. Entscheide dich für eine überzeugende und vor allen Dingen freundliche Formulierung.

a) Selbstverständlich lasse ich dein Rad wieder reparieren, denn ich möchte nicht, dass du dich ärgerst.
b) Stell dich doch nicht so an, ich bringe den Schaden schon wieder in Ordnung!
c) Du musst jetzt noch etwas länger ohne dein Fahrrad sein, weil ich den Schaden selbstverständlich reparieren lassen werde. Dann ist dein Rad aber wieder voll einsatzfähig.

AUFGABE 4

Da du erreichen möchtest, dass dein Freund deine Entschuldigung annimmt und euer Verhältnis nicht unnötig belastet wird, soll er auch sehen, dass du dir Mühe gegeben hast. Was musst du an dem vorliegenden Brief ändern, damit Mischa die Mühe erkennt?

MERKE

Ein Entschuldigungsbrief soll helfen, bestehende Spannungen zwischen Absender und Empfänger zu beseitigen. Dazu ist es wichtig, dass du den Entschuldigungsgrund nennst und dass deine Formulierungen erkennen lassen, dass es dir leid tut und du gegebenenfalls zum Schadenersatz bereit bist.

AUFGABE 5

Fertige nun eine eigene Fassung an.

AUFGABE 6

Du musst dir beim Schreiben eines Briefes immer überlegen, ob du deinen Partner siezt. Wenn du ihn dann direkt anredest, werden die Anredepronomen groß geschrieben.

Fülle nun zur Übung die fehlenden Lücken aus. Aber pass gut auf, nicht in jeder Lücke versteckt sich ein Anredepronomen.

Lieber Herr Schmitz,

gestern hat _ir _hr Sohn Jörn zwei von _hren CDs für eine Geburtstagsparty ausgeliehen. Leider hat in einem unbedachten Augenblick _eine Schwester _hre Cola über eine _hrer CDs geschüttet, so dass diese jetzt verklebt ist. Man kann _ie nicht mehr abspielen. Das tut _ir sehr leid, und _ch möchte _ie um Entschuldigung bitten. Selbstverständlich werde _ch von _einem nächsten Taschengeld sofort eine neue CD für _ie kaufen. Ich hoffe, _ie sind nicht allzu böse und können so lange warten.

Mit freundlichen Grüßen
Carola Gross

Die Anredeformel in einem Brief hängt davon ab, ob du an einen Gleichaltrigen oder einen Erwachsenen schreibst. Außerdem spielt es eine Rolle, wie gut du den Erwachsenen kennst.

Beispiele: Lieber Uli
Lieber Herr Schmidt
Sehr geehrte Frau Bruckmann

AUFGABE 7

Entscheide dich nun für jeweils eine der unten aufgeführten Anreden. Du willst dich entschuldigen bei:

1. deiner Tante Maria
2. deinem Klassenlehrer, Herrn Wolff
3. dem Klassenlehrer deiner Schwester, Herrn Moritz.

- Liebstes Tantchen, Hallo Mary, Liebe Tante Maria,
- Werter Herr Wolff, Sehr geehrter Herr Wolff, Lieber Herr Wolff,
- Lieber Herr Moritz, Sehr geehrter Herr Moritz, Also, Herr Moritz

Ebenso musst du bei der Grußformel im Brief auch unterscheiden, an wen du schreibst. Ein Schreiben an deine Freundin oder deinen Freund wirst du anders beenden als an einen Erwachsenen.

Beispiel: Viele Grüße dein/deine
Briefe an Erwachsene schließt du besser so: Mit freundlichen Grüßen dein/deine bzw. Ihr/Ihre.

AUFGABE 8

Schreibe nun an einen Freund, den du im Urlaub kennengelernt hast, einen Brief, weil du aus Versehen seine Videokassette gelöscht hast.

MERKE

Bei einem Brief kommt es darauf an, dass du die richtige Anrede wählst. Für die Form ist die Beziehung zwischen Absender und Empfänger entscheidend. Das Gleiche gilt für die Grußformel. Du musst ebenfalls beachten, dass Anredepronomen groß geschrieben werden, wenn du jemanden siezt (Höflichkeitsform).

6 Ein Rundschreiben aufsetzen

Wegen des großen Erfolges der vergangenen Jahre will das Städtische Gymnasium auch in diesem Jahr wieder ein Sommerfest veranstalten. Um möglichst viele Stände aufstellen zu können, sollen alle Klassen daran beteiligt werden. Der Ablauf des Festes sowie die Vor- und Nachbereitung soll in einer SV-Sitzung besprochen werden. Sven ist zum ersten Mal Klassensprecher und hat sich vorgenommen, seine Mitschüler genauestens über den Verlauf der Sitzung zu informieren. Damit er auch nur ja nichts vergisst, protokolliert er Folgendes mit:

1. knappe Mehrheit (2 Stimmen) für Sommerfest, dagegen: zu viele Probleme mit dem Aufräumen im letzten Jahr, deshalb Streit zwischen Direktor und SV, zu hohe Kosten, zu geringer Gewinn.
2. Eltern unbedingt helfen, sonst Probleme wie im letzten Jahr.
3. Geld- und Sachspenden der Eltern erforderlich, nur niedrige Preise möglich, hohe Kosten, Spendenliste durch alle Klassen.
4. (mit Mehrheit von 2 Stimmen) Reingewinn aller Stände nicht in Klassenkassen, sondern in SV-Kasse für Anschaffung einer neuen Druckmaschine.
5. (1 Stimme Mehrheit) beliebte Schießbude mit Lehrerköpfen nicht mehr, Verärgerung einiger Lehrer im letzten Jahr.
6. (1 Stimme Mehrheit) Auf Anregung vieler Eltern: kein Verkauf von Cola und Chips, zu ungesund, stattdessen frisch gepresste Säfte und ungeschwefelte Trockenfrüchte, Argument Schülersprecher: Eltern nicht verärgern.
7. Disko-Ende um 20 Uhr (Anordnung des Direktors), Protest aller Klassensprecher.
8. Aus jeder Klasse drei Schüler zum Aufräumen, Protest der 6b: letztes Jahr meiste Arbeit geleistet.

AUFGABE 1

Deine Aufgabe ist es, ein Rundschreiben an die Eltern zu verfassen. Dazu musst du dich zunächst für eine Anrede entscheiden. Wähle aus folgenden Möglichkeiten aus:

Sehr geehrte Eltern, An alle Eltern, Liebe Eltern, Hochverehrte Elternschaft, Werte Eltern,

AUFGABE 2

Suche nun aus Svens Protokoll die Punkte heraus, die für die Eltern wichtig sind und somit für das Anschreiben in Frage kommen.

AUFGABE 3

Du willst die Eltern mit dem Rundschreiben beeinflussen. Dazu ist es wichtig, dass du die angemessenen Worte findest. Hier findest du Punkt 2 des Protokolls unterschiedlich aufgearbeitet. Entscheide, welche Form für ein Rundschreiben die geeignetste ist. Begründe deine Entscheidung.

a) Alle Eltern werden hiermit aufgefordert zu helfen.
b) Ihr müsst uns schon mal helfen, schließlich seid ihr ja unsere Eltern.
c) Ihr als Eltern wollt ja schließlich auch, dass das Fest gelingt, darum helft uns!
d) Ohne eure Hilfe schaffen wir es nicht, da die Kosten entsetzlich hoch sind.

AUFGABE 4

Arbeite die übrigen Punkte sprachlich so um, dass möglichst viele Eltern sich angesprochen fühlen und bereit sind, mitzuarbeiten und Geld- und Sachspenden beizusteuern.

AUFGABE 5

Wähle nun eine geeignete Grußformel aus:

a) Hochachtungsvoll
die SV des Städtischen Gymnasiums
b) Mit freundlichen Grüßen
die SV des Städtischen Gymnasiums
c) Wir bedanken uns jetzt schon für Ihre tatkräftige Unterstützung und verbleiben mit freundlichen Grüßen
Michaela und Patrick für die SV des Städtischen Gymnasiums
d) Viele Grüße
Michaela und Patrick

AUFGABE

6 Jetzt kannst du das gesamte Rundschreiben aufsetzen. Vergleiche deine Arbeit anschließend mit dem Vorschlag im Lösungsheft.

MERKE

In einem Rundschreiben soll jemand zum Mitmachen aufgefordert werden. Dazu muss der Adressat einerseits informiert und andererseits überredet werden. Deshalb ist die Wahl der geeigneten Worte besonders wichtig, damit möglichst viele sich angesprochen fühlen. Selbstverständlich gehört gerade zu solch einem Schreiben eine freundliche Anrede.

7 Einen Beschwerdebrief schreiben

Jens hat die Nase voll. Heute hat es schon wieder Ärger mit einem Autofahrer gegeben. Der Fußball ist wie meistens nicht im Tor gelandet, sondern auf der Straße. Dabei ist dann an einem vorbeifahrenden Sportwagen der Seitenspiegel abgerissen. Ähnliche Überraschungen hat es jetzt schon öfter gegeben. Wenn die Polizei nun wieder bei Jens' Eltern auftaucht, ist seine Fußballerkarriere und die seiner Freunde beendet.

Aber Jens hat nicht nur die Nase voll, sondern auch eine Idee. „Wir müssen jetzt selbst etwas unternehmen. Die Stadtverwaltung muss ein Gitter um den Bolzplatz aufstellen lassen", meint er bei einer ersten Krisenberatung in der großen Pause am nächsten Tag. „Wenn wir den Bolzplatz nicht mehr haben, können wir uns direkt vor dem Videorekorder festschnallen", stimmt ihm Mischa zu. „An wen müssen wir denn überhaupt schreiben?", will Sven wissen. „Also hört mal zu! Ich hab mir mit meinem großen Bruder schon mal was ausgedacht", schaltet sich Jens wieder ein.

> Lieber Oberstadtdirektor,
>
> wir protestieren! Wenn nicht bald etwas passiert, können wir in unserem Viertel nicht mal mehr Fußball spielen. Wir fordern von der Stadtverwaltung:
>
> Umzäunt unseren Bolzplatz!
>
> Die Stadt ist schließlich nicht nur für die Autofahrer da.
>
> Ihr Jens Fuß

AUFGABE

1 Überlege, was in dem Brief an den Oberstadtdirektor (den Chef der Stadtverwaltung) anders formuliert werden müsste bzw. was fehlt.

Nach einigem Hin und Her hat sich Jens noch einmal hingesetzt und seinen Brief neu geschrieben, diesmal sogar auf dem PC:

Ballstadt, den 16.6.1990

Sehr geehrter Oberstadtdirektor,

wir Jugendliche im Nordviertel haben nur eine richtige Möglichkeit, draußen zu spielen:

unseren Bolzplatz!

Unmittelbar neben dem Bolzplatz verläuft aber eine Straße. Schon mehrfach hat deshalb ein Ball, der auf die Straße gerollt ist, Schaden angerichtet bzw. beinahe Unfälle verursacht.
Im Interesse der Autofahrer und im Interesse der vielen Jugendlichen, die auf dem Bolzplatz spielen, bitten wir Sie dringend, möglichst bald ein Gitter rund um den Platz aufstellen zu lassen.
Für eine rasche Antwort wären wir dankbar.

Mit freundlichen Grüßen

Jens Fuß

Für alle Kicker vom Bolzplatz

AUFGABE 2

Was unterscheidet Jens' zweiten von seinem ersten Brief? Achte dabei auf Folgendes: Formulierungen, Begründungen, Informationen.

AUFGABE 3

Schau dir die folgenden Stichworte an und überlege, welche davon für einen Beschwerdebrief der Autofahrer zum selben Problem als Begründungen geeignet wären:

- geringe Spielmöglichkeiten für Jugendliche,
- Sport fördert die Gesundheit,
- Unfallgefahr durch Erschrecken,
- häufige Sachschäden,
- unnötige Konflikte zwischen Erwachsenen und Jugendlichen,
- Sicherheit für die eigenen Kinder,
- Gefährdung von Passanten

AUFGABE 4

Entwirf nun selbst einen Beschwerdebrief aus der Sicht der Autofahrer und benutze die oben aufgeführten Argumente.

8 Ein Flugblatt entwerfen

Auch Mischa hat eine Idee. Er schlägt vor, ein Flugblatt zu verfassen, um es den parkenden Autos unter die Scheibenwischer zu klemmen. Bis jetzt hat er sich nur Überschriften für das Flugblatt überlegt.

1. Gehört die Stadt nur den Autofahrern?

2. Fußball findet nicht nur im Fernsehen statt!

3. Bolzplatz hinter Gittern! Mehr Sicherheit für Sie und uns!

AUFGABE 1

Welche Überschrift wird wohl die Autofahrer am meisten ansprechen?

AUFGABE 2

Überlege dir selbst Flugblattüberschriften zu Problemen aus deiner Umgebung. Denke daran, für wen das Flugblatt jeweils bestimmt sein soll (die Adressaten).

Über die Überschrift sind sich alle rasch einig geworden. Unmöglich ist es aber dann, sich über einen Text für das Flugblatt zu verständigen. Mischa übernimmt die Aufgabe, alle wichtigen Vorschläge zu sammeln und nachmittags ein Flugblatt zu entwerfen. Er notiert:

a) Bolzplatz hat viele Löcher

b) Straße ist Einbahnstraße

c) Bolzplatz ist sehr klein

d) Viele Jugendliche wollen Fußball spielen

e) Straße viel befahren

f) Autofahrer haben selbst Kinder

g) Bolzplatz einzige Spielmöglichkeit für Jugendliche

h) Anwohner haben Parkplatzprobleme

i) Sport statt Fernsehen

j) Wenn Ball ins Aus, dann immer auf die Straße

k) Autofahrer sollen auf Liste unterschreiben

l) Liste wird an Stadtverwaltung geschickt spielen

AUFGABE 3

Einiges auf Mischas Notizzettel ist überflüssig oder unwichtig. Kreuze nur die für die Autofahrer (die Adressaten) wichtigen Informationen und Begründungen an.
Denke daran: Eine Information beantwortet die Frage:
Worum geht es überhaupt?
Eine Begründung/ein Argument beantwortet die Frage:
Warum meinst du etwas, willst du etwas?

MERKE

Ein Flugblatt muss ausreichend informieren, wichtige Argumente enthalten, die Absicht klar benennen, höflich, aber nicht langweilig formuliert sein, die Adressaten zum Handeln bewegen, nicht aber verärgern.

Mischa hat nun folgendes Flugblatt entworfen:

Bolzplatz hinter Gittern! –
Mehr Sicherheit für Sie und uns!

Sie haben es sicher schon bemerkt: Es gibt noch Jugendliche, die Sport treiben, die nicht hinter dem Fernseher hocken, nicht in Kneipen usw. Sie haben es noch nicht gemerkt? Sie haben nur manchmal einen Fußball bemerkt, der Ihnen vor die Räder gerollt ist, der gegen Ihre Wagentüre geknallt ist, der vielleicht mal einen Spiegel abgerissen hat. Dann machen Sie doch mal Ihre Augen auf und gucken Sie, woher der Ball denn kommt! Benutzen Sie Ihre Füße doch mal nicht nur zum Gasgeben, sondern machen Sie einen Spaziergang und kommen Sie bei uns am Bolzplatz vorbei. Sie werden staunen und uns vielleicht dann besser verstehen als jetzt. Auch wenn Sie es nicht mehr wahrhaben wollen: Sie waren auch mal jung! In diesem Sinne grüßen Sie

Die Kicker vom Bolzplatz Nord

AUFGABE 4 Was ist an Mischas Flugblatt nicht gut, was fehlt?

AUFGABE 5 Entwirf nun selbst einen Text für Mischas Flugblatt.

Nach hitziger Diskussion mit seinen Freunden hat sich Mischa noch einmal hingesetzt und ein neues Flugblatt entworfen (S. 39).

Bolzplatz hinter Gittern

Mehr Sicherheit für Sie und uns

Haben Sie schon mal Fußball gespielt?
Dann wissen Sie sicher, was ein Aus ist.
Sind Sie schon oft
an unserem Bolzplatz
vorbeigefahren?
Dann wissen Sie sicher,
dass für uns das Aus
die Straße ist.

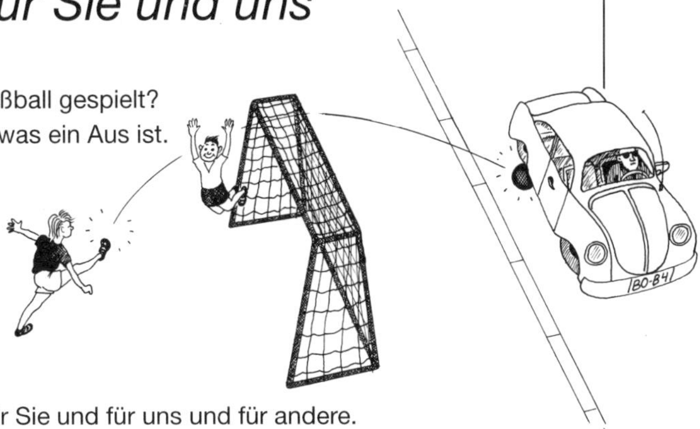

Das ist zu gefährlich – für Sie und für uns und für andere.
Das könnte für unseren Bolzplatz bald das Aus bedeuten.
Doch wo sonst sollen wir spielen?
‚Wir' – das sind eine ganze Menge von Jugendlichen, die aktiv sein wollen statt nur vor dem Fernsehen zu hocken.
‚Sie' – das sind all die Autofahrer, die unbehelligt auf dieser Straße fahren wollen, vielleicht auch Eltern, deren Kinder gerne Fußball spielen.

Sollten wir nicht zusammen etwas unternehmen?

Mit Ihrer Unterschrift helfen Sie, die Stadtverwaltung davon zu überzeugen:

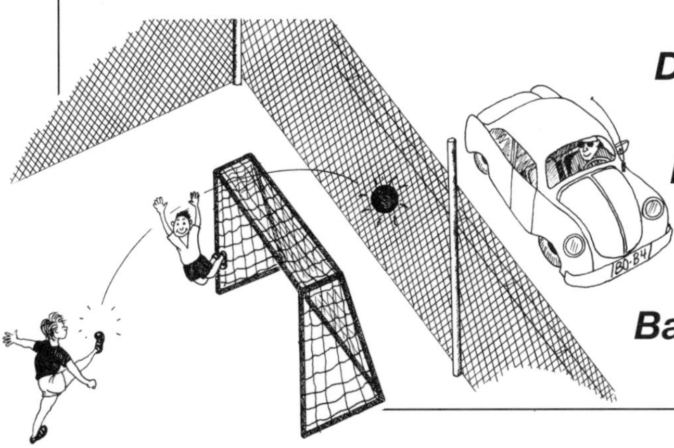

Der Bolzplatz muss hinter Gitter

Ihre Ballstadt-Kicker

AUFGABE

6 Welche besonderen sprachlichen und graphischen Mittel werden in diesem Flugblatt verwendet?

AUFGABE

7 Mit welchen Formulierungen werden die Leser des Flugblatts direkt angesprochen?

AUFGABE

8 Verfasse nun selbst ein Flugblatt zu einem dir bekannten Problem, und lege vorher fest, an wen sich das Flugblatt richten soll.

Mögliche Probleme:

- fehlende Fußgängerampel
- keine Spielmöglichkeiten für Kinder
- zu große Klassen in der Schule
- dauernder Ausfall des Sportunterrichts wegen Lehrermangels
- Schwimmbad am Wochenende immer geschlossen

BESCHREIBEN

1 Eine Person beschreiben

Carsten und Sven kommen gerade aus der Schule. Missmutig und schweigsam trotten sie nach Hause. Hoffentlich gibt's wenigstens zum Mittagessen eine kleine Überraschung – nach so einem Vormittag mit Mathearbeit und zwei langweiligen Deutschstunden. Doch plötzlich ist das alles unwichtig, sind die beiden hellwach. Aus der Sparkasse gegenüber konnte man deutlich zwei Schüsse hören. Kurz darauf ein Schrei, unverständlich gebrüllte Worte, das Splittern von Glas, und dann geht auch schon die Tür auf, zwei Männer stürmen heraus und schauen sich hastig um. In diesem Moment hält mit quietschenden Reifen ein Wagen vor der Bank. Die beiden Männer reißen die Tür auf und werfen sich auf den Rücksitz. Wie die beiden Freunde dann später erfahren, wurde ein Kassierer schwer verletzt, eine ältere Frau erlitt einen Schock und die Täter konnten mit einer Beute von 500 000 DM entkommen.

Wie viele andere Zeugen des Überfalls müssen auch die beiden vor der Polizei aussagen, was sie gesehen und gehört haben. Besonders wichtig ist dem Polizisten, der alles mit der Schreibmaschine festhält, wie die beiden Täter aussahen.

Carsten beschreibt die beiden Täter folgendermaßen:

„Also, der eine von den beiden hatte ganz dunkle Sachen an. Sein Gesicht sah irgendwie komisch aus. Er bewegte sich ziemlich seltsam. Er fuchtelte dauernd mit seiner Pistole rum, obwohl ihn doch niemand verfolgte. Ich glaube, er schwitzte sehr. Dauernd strich er sich die Haare aus der Stirn. Er war wahnsinnig aufgeregt. Der andere schien irgendwie ruhiger zu sein. Ich glaube, er war der Chef von den beiden. In der einen Hand hielt er einen Sack, bestimmt einen Geldsack, in der anderen eine Maschinenpistole. Er trug irgendwas Gelbes, vielleicht ein Hemd oder so etwas – ich weiß es nicht mehr genau. Er bewegte sich viel ruhiger als der andere und fuchtelte auch nicht mit seiner Maschinenpistole so rum. Nur als dann das Auto kam, zeigte er ganz ruhig mit dem Lauf der Waffe auf die Tür, wie ein Kommando, jetzt einzusteigen.“

Sven gibt folgende Beobachtungen zu Protokoll:

„Der eine von den beiden war ungefähr 1,90 m groß, trug schwarze Jeans und einen schwarzen Pullover. Er hatte ein ziemlich dickes Gesicht und blonde Haare. Der andere war wesentlich kleiner, er trug ein grünes Sweatshirt und Westernboots. Ich glaube, er hatte braune Haare und eine Halbglatze. Es könnte sein, dass er humpelte. Das kann ich aber nicht mehr genau sagen, weil alles so schnell ging.

AUFGABE 1

Unterstreiche in beiden Beschreibungen alle Angaben, die etwas über das Aussehen der Täter aussagen.

AUFGABE 2

Wessen Täterbeschreibung hilft der Polizei wohl eher, die Bankräuber zu fassen? Begründe deine Meinung.

AUFGABE 3

Welche Informationen der beiden haben mit einer Beschreibung nichts zu tun?

AUFGABE 4

Beschreibe einen Menschen, den du gut kennst, und frage jemand anderen, ohne den Namen des Beschriebenen zu verraten, wen du wohl beschrieben hast. Beschränke dich dabei nur auf die Beschreibung des Aussehens (Haare, Augen, Gesicht, Körperform und -größe).

MERKE

Bei der Beschreibung eines Menschen gehst du von der Gesamterscheinung (Körperbau, Haarfarbe, Kleidung usw.) aus. Erst dann werden Einzelheiten (Augenfarbe, Form der Nase, Hautmerkmale, Form der Hände, Einzelheiten der Kleidung usw.) beschrieben.

2 Ein Tier beschreiben

Markus und Klaus waren immer die besten Freunde gewesen. Leider sind dann Klaus' Eltern weggezogen. Jetzt sehen sich die beiden nur in den Sommerferien und sonst bleibt nur das Briefeschreiben. Heute sitzt Markus grübelnd vor dem weißen Papier. Gerade war er noch so begeistert, und nun fällt ihm nichts mehr ein. Zwei Zwergkaninchen hat er sich von seinem Taschengeld gekauft, und er will Klaus sofort schreiben, was er schon alles bei ihnen beobachtet hat. Folgenden Text bringt er schließlich zu Papier.

Lieber Klaus,

schade, dass du nicht hier sein kannst. Ich habe mir nämlich gerade Zwergkaninchen gekauft. Sie sind ganz süß. Auch Sven aus der Nachbarschaft findet sie super. Dauernd gibt es was Neues zu beobachten.

Wir werden es gar nicht leid, ihnen zuzuschauen. Du müsstest jetzt unbedingt hier sein und selbst sehen, was sie bei uns im Garten alles anstellen. Hoffentlich kannst du bald mal kommen.

Viele Grüße

dein Markus

AUFGABE 1

Schau dir die folgenden Wörter an und überlege, was du in Markus' Brief über seine Zwergkaninchen erfährst und was nicht:

schwarze Augen, schwarz-weiß geflecktes Fell, lange Barthaare, rosa Nase, kleine Vorderpfoten, lange Hinterläufe, Stummelschwanz, kurze Ohren, lange Nagezähne, kleine rote Zunge

- beißen (z.B. in herunterhängende Äste)
- knabbern (z.B. an Möhren)
- mümmeln (Gras)
- scharren (nach Wurzeln)
- graben (eine Höhle)
- rupfen (Büschel aus einem Heuballen)
- dösen (in der Mittagshitze)
- hoppeln (gemächliches Fortbewegen, wobei die langen Hinterbeine den Körper auf- und abheben)
- huschen (blitzschnelles Fortbewegen z. B. bei einem ungewohnten Geräusch)
- schnuppern (an einem noch unbekannten Gegenstand)
- klopfen (mit den Hinterläufen, ein Ausdruck der Erregung, zu Beginn einer Flucht z.B. vor einer Katze oder bei einem ungewohnten Geräusch)
- putzen (mit den Vorderpfoten wird kräftig über Ohren und Nase gefahren, Reinigung und Ausdruck des Wohlbefindens)
- lecken (z.B. an einem Salzstein)
- zittern (bei starker Kälte)
- springen (bei einer Verfolgungsjagd untereinander)
- sich strecken (nach längerem Dösen)
- das Maul aufreißen (eine Art Gähnen, meist nach längerem Dösen)
- Haken schlagen (schneller Richtungswechsel bei Verfolgung)
- zucken (bei einem plötzlichen lauten Geräusch)
- Männchen machen (sich aufrichten, um irgendetwas Neues besser wahrnehmen zu können)
- spielen (kleine Steine z.B. zwischen die Zähne nehmen und wieder fallen lassen)

AUFGABE 2

Schreibe den Brief von Markus neu und verwende möglichst viele der aufgeführten Wörter, um über das Aussehen und das Verhalten der Kaninchen genau zu informieren.

AUFGABE 3

Der folgende Text ist keine Beschreibung, sondern nur eine allgemeine Information über Zwergkaninchen. Überlege: Warum ist dieser Text keine Beschreibung?

> Zwergkaninchen sind Pflanzen- und Körnerfresser. Als Nagetiere brauchen sie unbedingt täglich etwas zum Knabbern. Der Bewegungsdrang der Tiere ist sehr groß.

AUFGABE 4

Welcher der folgenden Texte ist eine Beschreibung, welcher nur eine allgemeine Information?

> a) Sampson ist ein wunderschönes, temperamentvolles, pechschwarzes Tier mit einem weißen Streifen auf der Nase. Wenn ich den Stall betrete, wendet er sich mit aufgestellten Ohren fragend um. Seine großen, dunklen Augen schauen mich dabei ganz ruhig an.

> b) Der Schäferhund ist unverkennbar ein Nachfahre des Wolfs. Er ist das Ergebnis eines langen Züchtungsprozesses. Entgegen seiner Bezeichnung dient er hauptsächlich als Wach- und Suchhund.

AUFGABE 5

Verfasse selbst einen kleinen Text über ein beliebiges Tier nach dem Beispiel von a). Achte auf die genaue Beschreibung von Aussehen und Verhalten.

AUFGABE 6

Unterstreiche im folgenden Text mit verschiedenen Farben diejenigen Ausdrücke, die

a) das Verhalten des Tieres,
b) sein Aussehen beschreiben.

Beißender Geruch schlägt mir entgegen. Ein unruhiger Geselle bewohnt den Käfig. Unermüdlich schnürt* er am Gitter hin und her. Seine Gestalt ist langgestreckt und niedrig, nach unten gesenkt ist der Kopf mit der spitzen Schnauze. Das rote Fell, das an den spitzen Ohren, der Brust und der Schwanzspitze weiß
wird, leuchtet in der Abendsonne. Die Augen zu schmalen Schlitzen zusammengekniffen scheint er etwas zu suchen. Seine buschige Rute (Schwanz) beschreibt einen Bogen und schwebt nur wenige Zentimeter über dem Boden.

*(= läuft)

AUFGABE 7

Welches Tier wird hier beschrieben?

AUFGABE 8

Schreibe selbst eine Rätselbeschreibung und frage deine Freundin oder deinen Freund, welches Tier beschrieben wird.

MERKE

Eine Beschreibung soll wie ein Bild des Beschriebenen sein. Man benötigt deshalb genaue Bezeichnungen für die beschriebenen Einzelheiten und viele Attribute, die bestimmte Merkmale beschriebener Einzelheiten noch genauer benennen.
Ein Tier z.B. beschreiben heißt, sein Aussehen und sein Verhalten beschreiben.

3 Den treffenden Ausdruck finden

Beim Beschreiben von Personen oder Tieren kommt es darauf an, das treffende Wort auszuwählen, das Wort, das am genauesten wiedergibt, was du beobachtet hast. Das soll nun noch einmal besonders geübt werden.

AUFGABE 1

Ordne die folgenden Verben dem jeweils passenden Substantiv zu.

schleppt sich vorwärts	ein spielendes Kind
humpelt	ein Boxer
hüpft	ein Verletzter
schlurft	ein Betrunkener
torkelt	ein General
schreitet	ein Mann mit Gipsfuß
tänzelt	eine alte Frau

AUFGABE 2

Beschreibe das, was eine der Personen tun könnte, genauer.

Z. B.: Ein spielendes Kind mit kurzen blonden Haaren und einer tomatenfarbenen Hose hüpft singend über den Bürgersteig. Während es hüpft, kickt es mit dem linken Fuß immer einen Stein vor sich her …

AUFGABE 3

Es gibt viele verwandte Ausdrücke, die sozusagen Nachbarn sind, ohne aber die gleiche Bedeutung zu haben. Ergänze nach dem Muster von a).
Bilde anschließend Sätze mit den einzelnen Ausdrücken.

a) essen	–	fressen	–	schlingen	–	äsen	–	mümmeln
b) gehen	–	?	–	?	–	?	–	?
c) laufen	–	?	–	?	–	?	–	?
d) schreien	–	?	–	?	–	?	–	?
e) weinen	–	?	–	?	–	?	–	?
f) lachen	–	?	–	?	–	?	–	?

MERKE

Bei Beschreibungen kommt es besonders auf eine genaue Wortwahl an. Achte daher darauf, dass du das treffende Wort unter den vielen möglichen Wörtern findest, die dir vielleicht in den Sinn kommen.

Manchmal stellt sich eines meiner Meerschweinchen so in das Häuschen, dass es mit dem Hinterteil herausguckt, und falls sich das andere Meerschweinchen nähert, tritt es aus und galoppiert davon.

Eine Schildkröte schlängelte sich durch das hohe Gras, mümmelte an dem einen oder anderen Halm und rollte sich schließlich zum Schlafen zusammen.

Die Kuh knabberte den saftigen Klee, trippelte ein Stück weiter und röhrte ein klägliches ‚Muh'.

Mit weiten Schwüngen flog der Wellensittich auf die untere Stange seines kleinen Käfigs, schlang rasch einige Körner hinunter und sprang dann mit einem gewaltigen Satz wieder hinauf.

AUFGABE 4

a) Welche Ausdrücke sind in diesen Texten unpassend und warum?

b) Finde passende Ausdrücke.

c) Einer der vier Texte ist in der Gegenwart, drei sind in der Vergangenheit geschrieben. Warum benutzen die Schüler wohl unterschiedliche Zeiten?

AUFGABE

5 d) Wähle dir eines der Fotos aus und beschreibe:

Was **machte** der Hund wohl alles unter der Dusche?
Wie **bewacht** der Schäferhund ein Haus?

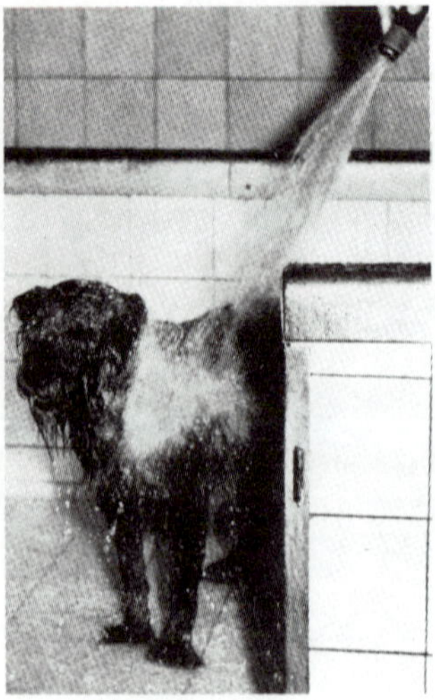

MERKE

Die Beschreibung von Verhalten kann in der Gegenwartsform oder in der Vergangenheitsform abgefasst werden.
Es kommt darauf an, ob du über ein typisches, immer wieder beobachtetes oder ein nur einmal beobachtetes Verhalten schreibst.

Jochen hat eine Katze. Sein Vater hat ihn auf die Idee gebracht, sich zum ersten Mal in seinem Leben als Schriftsteller zu versuchen. Für die Kinderseite der Tageszeitung hat er die spannendste Geschichte von seiner Katze ausgesucht und aufgeschrieben:

Maunz auf Mäusejagd

Maunz heißt meine Katze. Ihre Lieblingsbeschäftigung ist die Mäusejagd. Ziemlich lange wartet sie vor dem Mauseloch. Wenn eine Maus aus dem Loch schaut, wird sie besonders aufmerksam. Verlässt sie das Loch, hüpft sie mit einem Sprung auf sie zu und versucht sie zu kriegen. Wenn sie die Maus nicht kriegt, so läuft sie ihr so lange hinterher, bis sie ihre Beute hat oder bis diese wieder in ihr Loch gelaufen ist. Das ist natürlich interessant. Mit viel Geduld liegt Maunz dann wieder vorm Mauseloch und wartet. Dabei bewegt sie ständig ihren Schwanz. Ihre Hinterbeine hat sie unter ihren Körper gesteckt. Ihre Rückenhaare stehen in die Höhe. Fängt sie nun die Maus, so spielt sie noch eine Zeit lang mit ihr, bis sie tot ist. Wenn sie schließlich die Maus davonträgt, sieht man, wie groß der kleine Mund von Maunz wirklich ist. Ihre Augen sehen jetzt ganz zufrieden aus.

AUFGABE 6 Unterstreiche die Ausdrücke, die dir nicht passend zu sein scheinen.

AUFGABE 7 Schreibe die Beschreibung der Mäusejagd neu und verwende möglichst viele der folgenden Ausdrücke:

stundenlang, sich aufrichten, auf den Boden schlagen, mit ausgefahrenen Krallen, mit den Pfoten schlagen, Maul, sich ducken, springen, hinterherjagen, flitzen, huschen, eilen, Schnauze, alle Muskeln angespannt, Augen wie Schlitze, weit geöffnete grüne Augen, hastig, behutsam, pfeilschnell, buschig, scharf, gierig, ganz ruhig.

AUFGABE

8 Unterstreiche alle Ausdrücke, mit denen im folgenden Text Tiere und Pflanzen beschrieben werden.

Der Schakal und die Erdmännchen

Hungrig trottet der magere, borstige, silbergraue Schakal dem Lauf des Flusses nach, schlängelt sich entspannt durch stachelige Schwarzdornen, vorbei an duftenden Kameldorn-Akazien und – erstarrt plötzlich: Direkt vor ihm stehen voller Aggression mit geöffneten Mäulern, gekrümmten Rücken, mit gesträubtem Fell und drohend steil aufgerichteten Schwänzen dicht an dicht fünfzehn Erdmännchen. Mit hallendem Knurren reagieren sie auf jede Bewegung des Schakals – in panischer Angst, denn das nächste rettende Erdloch ist mehr als vierzig Meter entfernt.

Doch die Kleinen haben Glück, der Schakal stolpert plötzlich, und aus dem Verfolger wird ein Verfolgter, so lange zumindest, bis die Erdmännchen ihre rettenden Löcher erreicht haben. Kaum der Gefahr entronnen, fallen sie in eine Art Freudentaumel: in ein schniefendes, schnüffelndes und balgendes Durcheinander.

AUFGABE

9 Wähle aus dem Text fünf beschreibende Ausdrücke (Substantive, Attribute, Verben) aus und baue sie in einen neuen kurzen Text ein.

Beschreiben und Deuten

4

In Beschreibungen wirst du oft nicht nur das lesen, was jemand beobachtet, sondern auch, was er sich dabei gedacht hat, was er hinter dem äußerlich Beobachteten sieht. Um dir den Unterschied zwischen Beschreiben und Deuten klarzumachen, arbeite bitte das folgende Kapitel durch.

AUFGABE

1 Ergänze die unvollständigen Sätze nach Art des ersten Satzes.

Wenn ein Hund droht, dann fletscht er die Zähne und knurrt.

Wenn meine Mutter ärgerlich wird, dann ______________________________

Wenn sich ein Baby freut, dann ______________________________

Wenn ein Hund Angst hat, dann ______________________________

Wenn eine Katze müde ist, dann ______________________________

Wenn ein Pferd sich erschreckt, dann ______________________________

Wenn ein Wellensittich ______________________, dann flattert er wild im Käfig umher.

Wenn der Mann ______________________, dann schlägt er sich auf die Schenkel und lacht aus vollem Hals.

Wenn eine Schildkröte ______________________, dann zieht sie Kopf und Beine ein.

Wenn ein Baby ______________________, dann schreit es so laut, dass sein Gesicht rot anläuft.

AUFGABE 2

Deutung und Beschreibung gehören meist eng zusammen. Unterstreiche deutende und beschreibende Ausdrücke im folgenden Text mit unterschiedlichen Farben.

> Wenn meine Katze zufrieden ist, schnurrt sie und räkelt sich. Oft will sie dann hinter den Ohren gekrault werden. Ganz entspannt ist ihr Körper jetzt, kein Körperteil bewegt sich. Wenn sie das Kraulen eine Zeit lang genossen hat, stolziert sie erhaben, mit hoch aufgerichtetem Schwanz durch das Zimmer. Mit einem Satz ist sie dann auf der Fensterbank und beobachtet aufmerksam und unruhig die Spatzen, die auf dem Bürgersteig die Krümel aufpicken.

AUFGABE 3

Beschreibe und deute die folgenden Tiere:

- Vögel am Futterplatz
- Raubtiere bei der Fütterung
- ein Wellensittich beim Baden
- zwei fremde Hunde, die sich begegnen
- junge Katzen, die miteinander spielen

AUFGABE 4

Unterstreiche im folgenden Text mit unterschiedlichen Farben:

a) Ausdrücke, die das **Aussehen beschreiben,**
b) Ausdrücke, die das **Verhalten beschreiben,**
c) Ausdrücke, die **Verhalten oder Aussehen deuten.**

> ## Der Königspinguin
>
> Sein Federkleid zeigt einen weißen Bauch, einen schwarzen Rücken und eine goldgelbe Halskrause. Seine Augen schauen aufmerksam. Völlig unbeweglich steht er da auf seinen gerade nach vorn stehenden Schwimmfüßen, mit seinem kleinen flachen Kopf, mit dem spitzen, waagerecht vorragenden Schnabel und den flossenartigen Flügeln. Der ganze Vogel wirkt würdig und ernsthaft. Ein wirklicher König.

AUFGABE 5

Wie stellt der Verfasser des Textes den Königspinguin dar? Woran erkennst du die Haltung des Verfassers?

AUFGABE 6

Ordne die folgenden Ausdrücke, indem du
a) diejenigen sammelst, die Abneigung ausdrücken und
b) diejenigen, die Zuneigung, Sympathie ausdrücken.

hinterhältig, eitel, bescheiden, zärtlich, geschickt, tölpelhaft, mordlustig, klug, eingebildet, stolz, bissig, plump, anschmiegsam.

AUFGABE 7

Beschreibe nun jeweils zwei Tiere, die du gerne magst und zwei, die du nicht magst, vor denen du dich ekelst, vor denen du Angst hast usw.

MERKE

Beschreibung und Deutung gehören meist eng zusammen.
Du beschreibst, was du siehst, deuten heißt, aus seinen Beobachtungen Schlüsse zu ziehen, sich dabei etwas zu denken, was nicht direkt sichtbar ist.

5 Einen Gegenstand beschreiben

Hitzefrei! Endlich! Schon in der großen Pause haben Jan und Hasan beschlossen, ins nahegelegene Freibad zu fahren. Mit den Rädern dauert die Anfahrt nur 15 Minuten. Ihre Badesachen haben sie vorsichtshalber gleich zum Unterricht mitgebracht. Doch Jan glaubt seinen Augen nicht zu trauen, als er statt seines Fahrrades nur eine Lücke im Fahrradständer entdeckt. „Mensch, Hasan, jetzt ist mein Rad auch geklaut, und der Tag ist im Eimer." Schnell laufen sie ins Schulsekretariat und melden den Vorfall. „Wie sieht das Rad denn aus?", fragt die Sekretärin. „Es ist ein silbernes Rennrad mit einer chinesischen Rundlaufklingel. Es läuft ganz super."

AUFGABE 1

Glaubst du, dass es einfach sein wird, nach Jans Beschreibung das Rad wiederzufinden? Begründe deine Meinung.

AUFGABE 2

Jan beschreibt drei Merkmale seines Fahrrades. Nenne sie. Welches Merkmal ist für das Auffinden unwichtig?

AUFGABE 3

Wenn du selbst ein Fahrrad besitzt, kannst du sicher aufschreiben, an welchen Einzelheiten man es wiedererkennen kann.

AUFGABE 4

Hier sind zusätzliche Einzelheiten, an denen Jans Fahrrad wiederzuerkennen ist:

Rennlenker mit zwei Handbremsen
Rennsattel
10-Gang-Kettenschaltung
27-Zoll-Räder
fester Gepäckträger

Gestell und Schutzbleche in Silber
schwarzer, ovaler Scheinwerfer
runde Schlussleuchte und Rückstrahler
helltönende Klingel

Versuche anhand dieser Einzelheiten, eine möglichst genaue Beschreibung von Jans Fahrrad anzufertigen. Du kannst folgendermaßen beginnen:
Bei dem gestohlenen Fahrrad handelt es sich um ein Rennrad der Marke XY mit 27-Zoll-Rädern. Es hat einen Rennsattel und einen Rennlenker . . .

MERKE

Bevor du einen Gegenstand näher beschreibst, notierst du am besten alle seine Merkmale. Erst dann kannst du eine detaillierte (genaue, mit allen Einzelheiten versehene) Beschreibung anfertigen.

AUFGABE 5

Versuche nun einmal, die abgebildeten Geräte zu beschreiben. Es sind allesamt Küchengeräte. Achte dabei auf:

- das Material
- einzelne Teile
- die Handhabung
- die Funktion

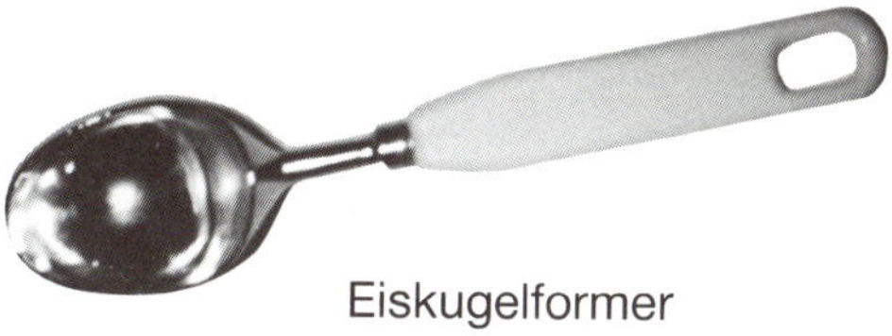

Eiskugelformer

Fleischmesser

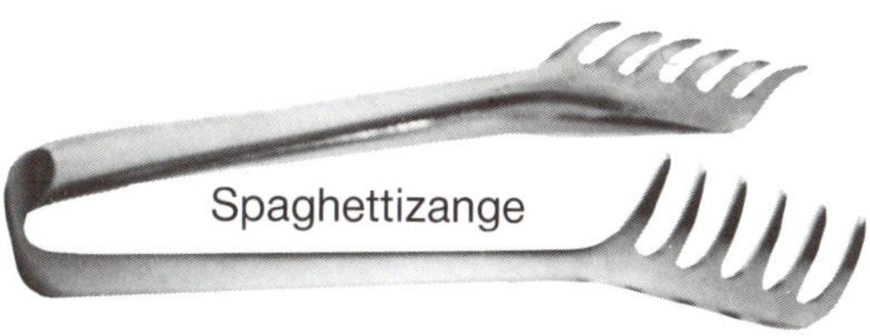

Spaghettizange

a) Ordne die ungeordneten Merkmale den Abbildungen in Form einer Tabelle zu:

lange Stahlklinge, die sich in der Mitte verjüngt und nach oben etwas breiter wird, bevor sie spitz zuläuft; Griff aus weißem Plastik; zum Zerteilen des Fleisches; ganz aus verchromtem Stahl; Loch zum Aufhängen; grauer Plastikgriff mit abgerundeter Ecke; beweglich; verchromter, halbkugelförmiger Kopf; Rillen, damit Daumen und Finger nicht abrutschen; an jeder Seite sechs Zähne; zum Ausstechen der Eiskugeln; Schutzkante zum Vermeiden von Schnittwunden; zum Greifen der Spaghetti; an der Krümmung Haken zum Aufhängen an Topf, Schüssel oder Wandhalterung.

Eiskugelformer	Fleischmesser	Spaghettizange

b) Suche dir nun selbst ein Gerät aus und fertige eine zusammenhängende Beschreibung an.

AUFGABE 6

Du kannst noch weiter üben, indem du Gegenstände beschreibst, ohne sie zu benennen. Wenn dir das treffend gelungen ist, kann man sie leicht erraten.

Beispiel: rund
handgroß
meistens gelb
aufgedrucktes Markenzeichen
ziemlich hart
wird mit dem Schläger geschlagen

Bilde selbst solche Rätsel.

AUFGABE 7

Versuche nun, deine verloren gegangene Schultasche und/oder ein Küchengerät zu beschreiben. Denk an Aufgabe 5.

MERKE

Bei der Beschreibung eines Gegenstandes kommt es darauf an, dass man sich anhand des Textes eine genaue Vorstellung von dem Gegenstand machen kann. Dazu müssen das Material, die einzelnen Teile, die Handhabung und die Funktion genau beschrieben werden.

6 Eine Gebrauchsanleitung verfassen

Thomas und Gaby wollen ihrer Mutter zum Geburtstag einen Kuchen backen. Butter, Mehl, Zucker und Eier haben sie schon bereitgestellt. Nun müssen sie nur noch die richtigen Mengen abwiegen. Thomas füllt Mehl in die Waagschale, doch nichts passiert. Nirgendwo kann er die Grammzahl ablesen. Gaby, die schon öfter beim Backen geholfen hat, klärt ihn auf: „Das ist was ganz Modernes. Die Waage geht mit Batterie. Du musst nur auf den Knopf drücken und schon kannst du ablesen, wieviel drin ist." Das ist natürlich eine sehr unvollkommene Gebrauchsanweisung. Vielleicht triffst du in der Schulküche oder zu Hause auch auf eine solche Waage, dann ist es gut, wenn du sie bedienen kannst.

Drucktaste

Digitalanzeige

Schüssel

Waage

Bodenplatte mit Batteriefach

AUFGABE

1 Ordne zunächst einmal die Begriffe den Zahlen zu.

AUFGABE 2

Hier findest du ungeordnet den Wiegevorgang. Bringe die Begriffe in die richtige Reihenfolge.

- Bedienungstaste drücken
- Gewicht erscheint im Anzeigefeld
- Ware auflegen
- Waage ist wiegebereit
- jedes Gefäß wie Teller, Tasse, Schüssel kann benutzt werden
- Anzeige erlischt nach 20 Sekunden
- Waage muß gerade stehen
- Gefäß auf die Waage stellen
- warten bis 0 im Anzeigefeld aufleuchtet
- Waage ist auch ohne jedes Gefäß benutzbar
- lediglich Bedienungstaste drücken und warten, bis 0 aufleuchtet
- Waage arbeitet mit Batterien
- 6 x 1,5 V-Mignon-Zellen ins Batteriefach auf der Bodenplatte einsetzen
- weitere Mengen können zugewogen werden
- es erscheint wieder 0 im Anzeigefeld
- Taste drücken, wenn erste Zutat abgewogen ist
- zweite Teilmenge wiegen usw.
- höchste Tragkraft 1000 g

AUFGABE 3

Schreibe nun für deinen Freund oder deine Freundin eine vollständige Gebrauchsanleitung unter der Überschrift: Die Digitalwaage. Wichtig ist, dass du die Reihenfolge einhältst.
Vermeide auch, die Sätze nur mit **da** und **dann** zu beginnen.
Verwende andere Wörter wie:

zunächst, um ... zu, damit, bevor, anschließend, selbstverständlich, nachdem, danach, indem ...

Gebrauchsanweisungen sind in der Regel allerdings anders abgefasst als deine.

Beispiel:
a) Sämtliche Funktionen werden über eine Taste gesteuert.
b) Wenn Sie den Vorgang beendet haben, schalten Sie das Gerät ab!
c) Wenn man die Kappe abschraubt, läuft die Flüssigkeit heraus.

AUFGABE

4 Worin unterscheiden sich diese Gebrauchsanweisungen von deiner?

AUFGABE

5 Kannst du erklären, warum das so ist?

AUFGABE

6 Fasse deine Gebrauchsanweisung ebenfalls allgemeingültig ab. Du kannst dich für das Passiv, die Höflichkeitsform oder das unpersönliche „man" entscheiden.

MERKE

Bei einer Gebrauchsanweisung kommt es auf Genauigkeit und die richtige Reihenfolge der Anweisungen an.
Gebrauchsanleitungen können im Passiv, in der Höflichkeitsform und im unpersönlichen „man" abgefasst werden.

Du leihst deinem Freund das auf S. 63 abgebildete Gerät aus und willst ihm eine Gebrauchsanweisung für das Abspielen von Kassetten dazuliefern.

AUFGABE

7 Sieh dir die Skizze genau an. Welche Funktionen werden benötigt?

AUFGABE

8 Halte in Stichworten die einzelnen Phasen des Abspielvorgangs fest.

AUFGABE

9 Schreibe nun eine einfache Anleitung zum Abspielen von Kassetten.

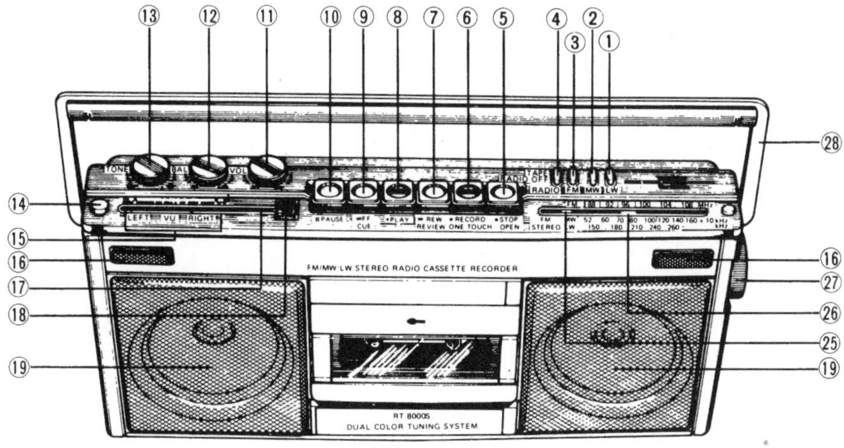

Insert the cassette tape.
Cassettenband einlegen.
Charger une cassette.

REGLER UND IHRE FUNKTIONEN

1. **[LW] Schalter**
   Drücken Sie diesen Schalter für den Empfang von LW-Programmen.
2. **[MW] Schalter**
   Drücken Sie diesen Schalter für den Empfang von MW-Programmen.
3. **[FM] Schalter**
   Drücken Sie diesen Schalter für den Empfang von UKW-Programmen.
4. **[TAPE, RADIO OFF/RADIO] Schalter**
   Stellen Sie den Schalter für den Empfang von Rundfunksendungen auf „RADIO“. Für die Wiedergabe eines Tonbandes bringen Sie diesen Schalter in die Stellung „TAPE, RADIO OFF“ und drücken Sie dann die ⑧ Wiedergabetaste [◀ PLAY]. Achten Sie darauf, diesen Schalter nach Ende des Programms in die Stellung „TAPE, RADIO OFF“ zu bringen, und dass die ⑧ Wiedergabetaste [◀ PLAY] ausgerastet ist.
5. **[■ STOP/EJECT] Taste**
6. **[● RECORD] Aufnahmetaste** (einmaliges Antippen)
7. **[▶▶ REW/REWIND] Taste (Rückspulen/Prüfen)**
8. **[◀ PLAY] Taste (Wiedergabe)**
9. **[◀◀ FF/CUE] Taste (Schnellvorlauf)**
10. **[II PAUSE] Taste**
11. **[VOL] Lautstärkeregler**
    Benutzen Sie diesen Regler zum Einstellen der Lautstärke von Radio oder Tonband.
12. **[BAL] Balanceregler**
    Benutzen Sie diesen Regler, um eine Lautstärkebalance zwischen dem linken und rechten Kanal herzustellen.
13. **[TONE] Tonregler**
    Stellen Sie mit diesem Regler den Ton der Lautsprecher oder Kopfhörer ein.
14. **Teleskopantenne**
15. **[VU] Anzeiger**
    Die aufleuchtenden Lampen dieses Anzeigeinstrumentes zeigen bei Bandwiedergabe, bei Aufnahme oder bei Rundfunkempfang den Audio-Signalpegel an.
16. **Eingebautes Mikrofon**
17. **Bandzählwerk**
18. **Rückstellknopf für Bandzählwerk**
19. **Lautsprecher**

7

Einen Vorgang beschreiben

Uschi fährt in Urlaub. Leonie hat sich bereit erklärt, Uschis Hamster in dieser Zeit zu versorgen. Dazu schreibt ihr Uschi einen Merkzettel, damit nur ja nichts schief geht. Über die Reinigung des Hamsterkäfigs schreibt sie:

> Der Käfig muss alle 3 Tage gesäubert werden, da er sonst anfängt zu stinken. Wenn der Käfig sauber ist, freut sich Joschi (der Hamster) und baut sofort ein neues Nest. Denn auch in der Natur hält ein Hamster seine Höhle sauber.

AUFGABE 1

Warum ist dieser Merkzettel mit der Anleitung für die Käfigreinigung kaum eine Hilfe für Leonie?

AUFGABE 2

Schreibe selbst einen Merkzettel für die Käfigreinigung, benutze die Ausdrücke aus der Liste und achte besonders auf
a) die richtige Reihenfolge und
b) hinreichende Genauigkeit der Informationen.

spezielle Käfigstreu im Zoogeschäft,
Spülmittel,
trocken reiben,
auswaschen,
in Mülleimer schütten,
Watte.

Hans hat sich ein Aquarium zusammengespart. Martin, ein alter Hase im Umgang mit Aquarien, schreibt ihm auf, wie man ein Aquarium neu einrichtet.

1. Aquarium aufstellen
2. Geräte anschließen
3. Kies und Wasser einfüllen
4. bis 24 Grad aufheizen
5. Fische einsetzen

Viel Spaß

AUFGABE 3

Schau dir die folgende Liste an und du wirst merken, dass zwar die Reihenfolge der Informationen in Martins Anleitung stimmt, die Informationen für den unerfahrenen Hans aber nicht genau genug sind. Schreibe mit Hilfe der folgenden Ausdrücke Martins Anleitung neu. Bilde ganze Sätze.

ebene, weiche Unterlage (Bruchgefahr!), Beleuchtung, Pumpe, Filter, Heizung, Gebrauchsanleitungen für alle Geräte beachten, Wasser mindestens 24 Stunden ruhen lassen, Fische nicht anfassen.

AUFGABE 4

Schreibe eine Anleitung, wie man dein Haustier (oder das, was du dir immer schon gewünscht hast) pflegen muss.

AUFGABE 5

Beschreibe etwas, was du gut kannst und schon oft gemacht hast (irgendetwas basteln, reparieren, kochen usw.)

Denke daran, dass diese Beschreibung jemand verstehen soll, der es zum ersten Mal macht. Denke an die richtige Reihenfolge der Informationen und ausreichende Genauigkeit.

MERKE

Bei der Vorgangsbeschreibung kommt es neben der Genauigkeit, auf die man beim Beschreiben immer achten muss, auch sehr auf die richtige Reihenfolge der Informationen an.

AUFGABE

6 Im Folgenden wird eine Bastelanleitung nur mit einer Zeichnung dargestellt. Schreibe auf, wie die Maus gebastelt werden soll.

8 Rezepte aufschreiben

Inga und Jenny haben Langeweile. Da hat Jenny plötzlich die Idee: „Komm mit zu uns, wir backen einen Butterkuchen." „Aber das habe ich doch noch nie gemacht", wendet Inga ein. „Ach, komm mit, ich sag dir's. Du brauchst einfach ein halbes Pfund Butter und 200 g Zucker, ein paar Eier, Vanillezucker, einen halben Beutel Mehl, ich glaube auch noch Backpulver. Das kommt alles in eine Schüssel. Dann musst du erst langsam und dann ganz schnell alles mit dem Rührbesen verrühren. Nun noch Backblech einfetten und den Teig darauf verteilen. Obendrauf kommen noch Zucker, Mandeln, Butter – fertig."
Ob die beiden auf diese Weise wohl einen leckeren Kuchen backen können?

AUFGABE 1

Unterstreiche in dem Text die Zutaten. Was fällt dir auf?

Hier findest du die fehlenden Mengenangaben:

Teig: 5 Eier
1 Päckchen Vanillezucker
250 g Mehl
1 Teelöffel Backpulver
Belag: 50 g Zucker
50 g Mandelplättchen
50 g Butter

AUFGABE 2

Schreibe alle Zutaten in der Reihenfolge, in der sie benötigt werden, auf.

AUFGABE 3

Welche Informationen brauchst du außerdem, um einen Kuchen zu backen?

AUFGABE 4

Das Rezept ist hier durcheinandergeraten. Schreibe es in der richtigen Reihenfolge auf:

> Alle Zutaten mit dem Rührbesen zu einem sahnig-cremigen Teig verarbeiten. Erst, wenn das Mehl nicht mehr staubt, auf eine höhere Einstellung schalten. Nun die übrigen Zutaten hinzufügen. Zuerst Mehl, Backpulver und Zucker in die Rührschüssel eines Handrührgerätes geben. Zum Schluss mit Zucker, Butterflöckchen und Mandeln bestreuen. Den Teig gleichmäßig auf ein gefettetes Blech streichen. 15 bis 20 Minuten bei 210° backen. Auf die mittlere Einschubleiste setzen. Nach dem Herausnehmen sofort in Stücke schneiden.

AUFGABE 5

Jetzt kannst du die Ergebnisse aus 3 und 4 zu einem kompletten Rezept zusammenstellen wie in einem richtigen Kochbuch. Schöner wird es, wenn du noch eine Zeichnung hinzufügst. Vielleicht verspürst du auch Lust, das Rezept auszuprobieren.

AUFGABE 6

Du hast beim Aufschreiben des Rezeptes gesehen, dass man auf einige Fachausdrücke nicht verzichten kann. Schreibe sie heraus.

AUFGABE 7

Notiere gebräuchliche Mengenangaben, die man für ein Rezept braucht. Setze in Klammern dahinter die Abkürzungen.

AUFGABE 8

Schreibe nach nebenstehender Zeichnung ein Rezept auf, gegliedert nach Zutaten und Zubereitung.

MERKE

Bei einem Rezept kommt es auf genaue Mengen-, Zeit- und Temperaturangaben und die richtige Reihenfolge für die Zubereitung an. Auch Fachausdrücke sind nötig.

KAISERSCHMARRN

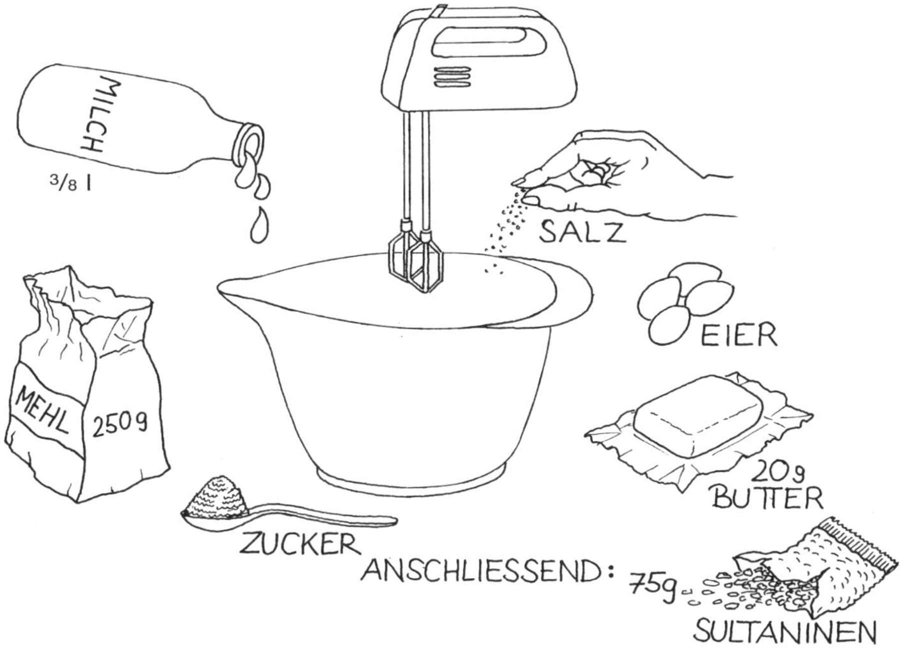

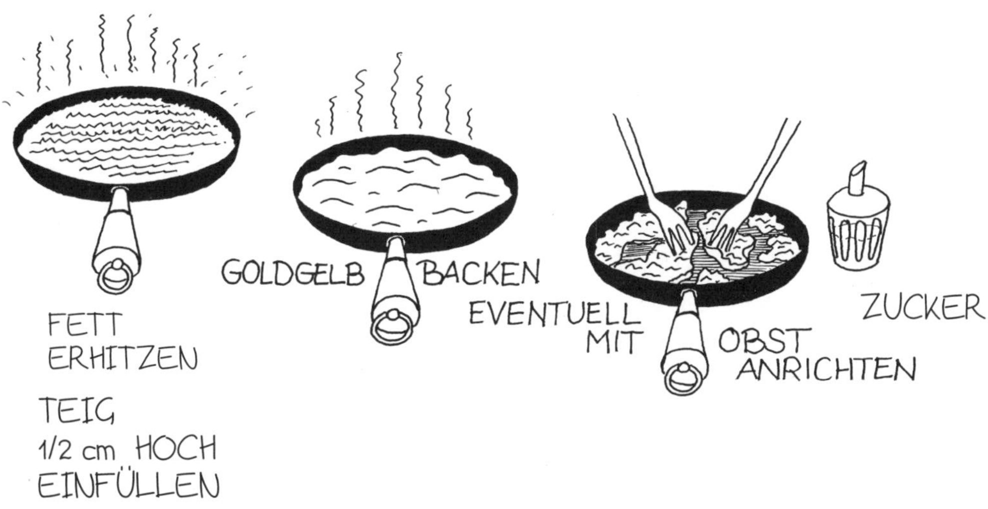

9 Spielregeln aufschreiben

Udo und Simone sitzen an einem regnerischen Nachmittag in der Bude und langweilen sich entsetzlich. Simone wühlt in ihrer Spielkiste und stellt fest, dass alle Spiele durcheinander geraten sind. Sie findet Spielpläne, Würfel, Spielsteine, Memory-Kärtchen, Dominosteine und zerknitterte Spielanweisungen. „Was soll man damit nur anfangen?“, meint Simone. Plötzlich hat Udo eine Idee. Er zieht einen Spielplan aus der Kiste (den Spielplan siehst du auf S. 71), nimmt einen Würfel, einen roten und einen blauen Spielstein und legt die Sachen auf den Tisch. „Wir erfinden selber eine Spielregel, das müsste doch klappen“, schlägt Udo vor. Die Beiden legen Folgendes fest:

 nochmals würfeln

 zurück zum Start

 einmal aussetzen

 drei Felder vorrücken

Udo und Simone fangen an zu spielen, und es dauert nicht lange, da geraten sie sich fürchterlich in die Haare. „So ein doofes Spiel, das funktioniert überhaupt nicht!“, ruft Simone. „Kein Mensch weiß, wer anfangen darf, keiner weiß, wann das Spiel zu Ende ist, und, und, und …“ Da kommt Michael dazu und meint: „Gebt doch nicht gleich auf!“ Er setzt sich an den Tisch und schreibt für die beiden eine Spielregel auf.

> Man braucht einen Spielplan, einen Würfel und für jeden Mitspieler einen andersfarbigen Spielstein. Man muss ausmachen, wer zuerst würfelt. Dann muss man warten, bis man eine Sechs gewürfelt hat. Derjenige, der eine Sechs hat, darf zwar anfangen, aber er muss nochmals würfeln.
> Die Zeichen haben folgende Bedeutung:
>
>  nochmals würfeln
>
>  zurück zum Start
>
>  einmal aussetzen
>
>  drei Felder vorrücken
>
> Zum Schluss braucht man, um ans Ziel zu kommen, die passende Zahl, die noch fehlt. Wer das schafft, ist der Sieger.

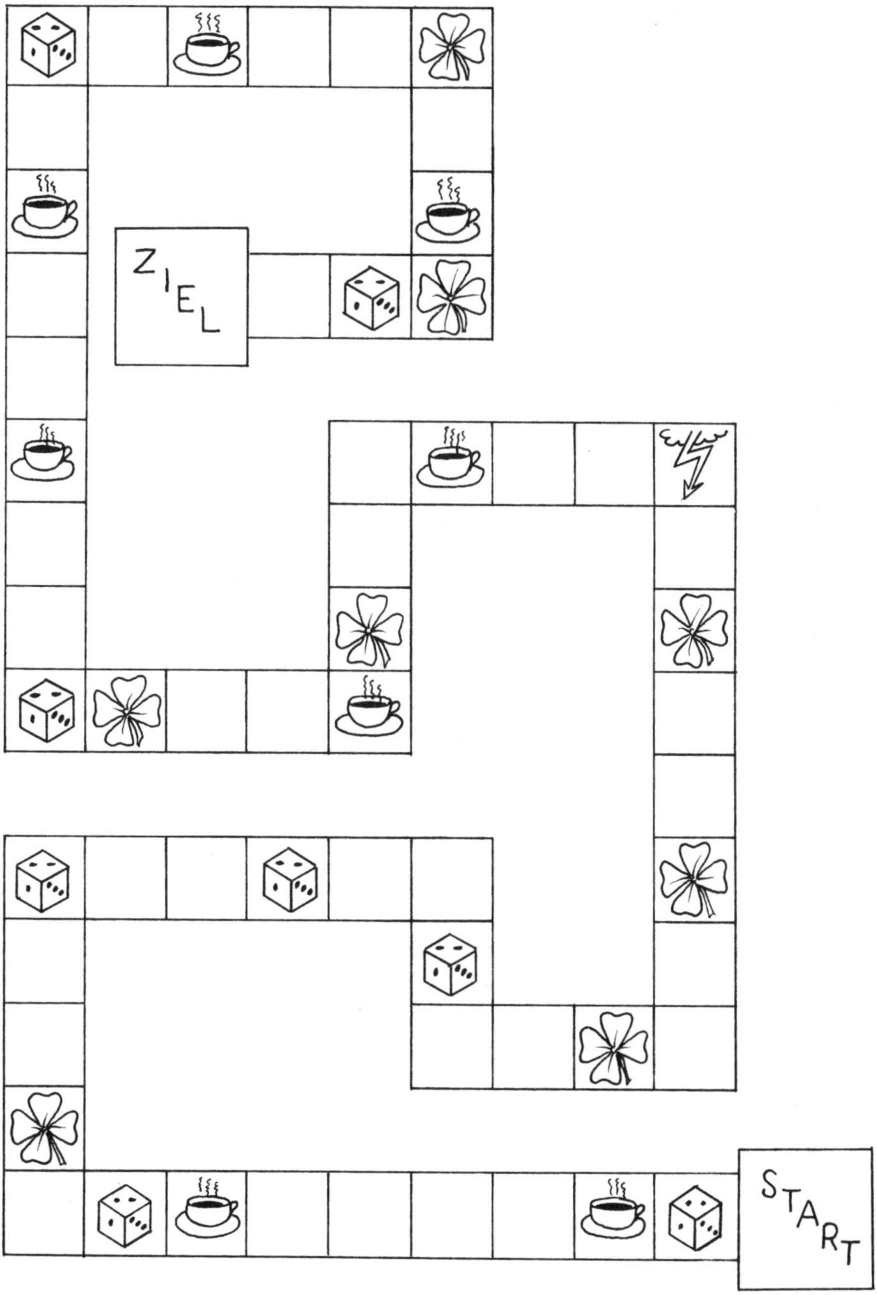
ZIEL
START

Während Michael schreibt, fällt Simone ein, dass sie kürzlich in der Schule über Spielanweisungen gesprochen haben und ihre Lehrerin einige Punkte genannt hat, die zu beachten sind.
Gemeinsam überlegen die Drei und sind erstaunt, was ihnen noch alles einfällt.

- [ ] Wie fängt das Spiel an?
- [ ] Wie viele Personen können mitspielen?
- [ ] Wer beginnt?
- [ ] Was braucht man für das Spiel? (Material)
- [ ] Wie endet das Spiel?
- [ ] Wie kann man gewinnen?
- [ ] Wie verläuft das Spiel? (Richtung, Reihenfolge, Verbote)
- [ ] Was muss man machen, bevor das Spiel beginnt?

AUFGABE 1

Diese Fragen müssen in einer Spielanweisung geklärt werden, doch die Reihenfolge stimmt so nicht. Lies die Fragen noch einmal gründlich durch und überlege, was man zuerst wissen muss, um ein Spiel spielen zu können. Schreibe eine Eins davor und nummeriere weiter.

AUFGABE 2

Sieh dir jetzt nochmals Michaels Spielanweisung an. Welche Fragen hat er beachtet, welche nicht? Trage dein Ergebnis in die folgende Tabelle ein.

beachtet	nicht beachtet

AUFGABE 3

Michaels Spielregel war schon ganz gut. Du kannst es aber besser, wenn du die folgenden Sätze liest, sie nummerierst und sie in der richtigen Reihenfolge in dein Heft schreibst.

Spielregeln für das „Schlangenspiel“

- ☐ Ein Kleeblatt bedeutet drei Felder vorrücken.
- ☐ Auf dem Weg zum Ziel kommt man auf Felder mit verschiedenen Zeichen.
- ☐ Die Spielsteine werden am Start aufgestellt.
- ☐ Es ist nur erlaubt, vorwärts zu gehen.
- ☐ Der Würfel wird immer an den linken Mitspieler weitergegeben.
- ☐ Bei einer Sechs darf der Spieler nochmals würfeln.
- ☐ Rausschmeißen ist verboten.
- ☐ Zu Beginn des Spiels wird der Spielplan so hingelegt, dass alle Mitspieler ihn sehen können.
- ☐ Zeigt der Würfel die Zahl vier, so setzt man seinen Spielstein vier Felder weiter.
- ☐ Man braucht einen Spielplan, für jede Person einen andersfarbigen Spielstein und einen Würfel.
- ☐ Wer zuerst eine Sechs gewürfelt hat, darf beginnen.
- ☐ Der Spieler würfelt von neuem.
- ☐ Bei dem „Schlangenspiel“ können 2 bis 5 Personen mitspielen.
- ☐ Derjenige, der als erster das Ziel erreicht hat, hat gewonnen, und damit ist das Spiel beendet.
- ☐ Wer auf den Blitz setzen muss, muss zurück zum Start.
- ☐ Kommt man auf einen Würfel, so darf man noch einmal würfeln.
- ☐ Eine Tasse heißt einmal aussetzen.

MERKE

Bei einer Spielregel müssen alle Schritte genau erklärt und in die richtige Reihenfolge gebracht werden.
Eine Spielregel wird in vollständigen Sätzen und in der Gegenwart geschrieben.

Wenn du Lust hast, kannst du den Spielplan auf ein DIN A 4-Blatt zeichnen und einmal nach der Spielregel, die in deinem Heft steht, spielen. Viel Spaß!

Udo, Simone und Michael haben jetzt auch Spaß an dem Spiel bekommen. Sie kramen weiter in der Kiste und finden 40 Memory-Kärtchen. Das sind Bildkarten, bei denen immer zwei Karten gleich sind, d. h. ein Pärchen bilden. (Kann man übrigens gut selber herstellen.)
Sie haben noch keine Idee, wie man mit den Karten spielen kann. Vielleicht kannst du ihnen helfen, indem du die Spielregeln für das Memory-Spiel aufschreibst. Dazu solltest du vorher noch einige Übungen machen, denn eine Spielregel sollte in vollständigen Sätzen und in der Gegenwart geschrieben werden.

AUFGABE

4 Schreibe nun eine Spielregel für das Memory-Spiel. Du kannst die folgenden Stichworte zur Hilfe nehmen:

2 bis 6 Personen – 40 Spielkarten (20 Pärchen) – Karten mit Bildseite nach unten legen – mischen – ausmachen, wer anfängt – zwei Karten aufdecken – ein Pärchen darf der Spieler behalten – Spieler ist nochmal dran – bei zwei verschiedenen Karten, Karten wieder umdrehen – der nächste Mitspieler ist dran – wer die meisten Pärchen hat, hat gewonnen – Spiel beendet, wenn alle Pärchen gefunden worden sind.

10

Einen Weg beschreiben

Sandra feiert ihren 12. Geburtstag. Sie darf eine Fete machen, und sie hat zehn Freunde und Freundinnen eingeladen. Für alle, die noch nie bei ihr waren, hat sie eine Skizze angefertigt.

Margret und Nicole haben ihre Einladung mit der Skizze verloren. Margret, die Sandra schon einmal besucht hat, schreibt Nicole aus der Erinnerung heraus auf, wie sie den Weg finden kann. Sie schreibt:

> Du kennst doch den Bahnhof. Von dort gehst du immer geradeaus. Nach einiger Zeit musst du in die Klosterstraße einbiegen. Auf der linken Seite, im Haus Nummer 23, wohnt Sandra.

AUFGABE 1

Kann Nicole nach dieser Beschreibung den Weg finden? Begründe.

AUFGABE 2

Schreibe Wörter auf, die eine Richtung oder eine Ortslage angeben, z. B. geradeaus, hinter, …

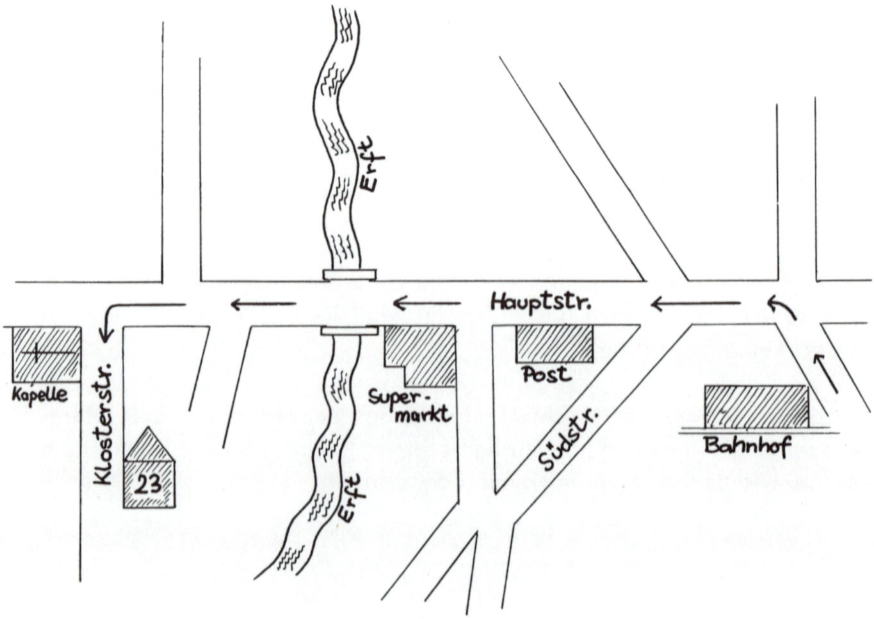

AUFGABE

3 Versuche einmal, anhand der Skizze oben, den Weg vom Bahnhof bis zu Sandras Wohnung in Stichworten zu beschreiben. Beginne so:
Am Bahnhof links halten – Hauptstraße entlang – …

MERKE

Wenn man jemandem einen Weg beschreiben will, muss man ganz genaue Hinweise geben: Genaue Richtungsangaben und Straßennamen, örtliche Besonderheiten und das alles vollständig und in der richtigen Reihenfolge.

Manchmal ist es erforderlich, den Weg nicht in Stichworten, sondern in Sätzen zu beschreiben. Dabei ist es nicht immer leicht, sich genau auszudrücken. Das kannst du aber lernen.

AUFGABE

4 a) Auch Satzanfänge machen häufig Schwierigkeiten. Lies die folgende Wegbeschreibung und unterstreiche alle Satzanfänge.

Zuerst gehst du die Römerstraße entlang. Dann, an der Kreuzung, biegst du links ab und gehst den Mühlenacker entlang bis zur nächsten Kreuzung. Dann überquerst du die Hauptstraße. Dann gehst du die Kastanienallee entlang. Dann kommst du an einer Schule vorbei. Dann, hinter der Kurve, musst du dich rechts halten. Dann siehst du nach ungefähr 100 m auf der linken Seite den Sportplatz.

b) Der erste Satz ist in Ordnung. Ersetze die übrigen Satzanfänge oder lass sie einfach weg. Du kannst die Sätze auch umstellen. Hier findest du eine Auswahl von möglichen Satzanfängen:

Bevor, Wenn, Nachdem, An, Vor, Hinter, Auf, Unter, Über, Nach, Da, Nun, Jetzt, Dort, Zur, . . .

AUFGABE 5 Versuche jetzt einmal, eine Wegbeschreibung so zu formulieren, dass Nicole, die den Weg zu Sandras Wohnung nicht kennt, ihn findet.

Dirk hat für einige Mitschüler, mit denen er eine Bande gründen will, einen geheimen Treffpunkt ausgesucht. Er gibt ihnen vor dem ersten geheimen Treffen eine Skizze und eine Beschreibung (S. 78).

AUFGABE 6 Achtung! Stimmt alles? Vergleiche einmal die Skizze mit der Beschreibung (S. 78). Was fällt dir auf?

AUFGABE 7 Bringe nun die Sätze der Beschreibung in die richtige Reihenfolge, indem du sie nummerierst und geordnet ins Heft schreibst.

AUFGABE 8 Lass jemand anderen nach deiner Beschreibung eine Skizze anfertigen.

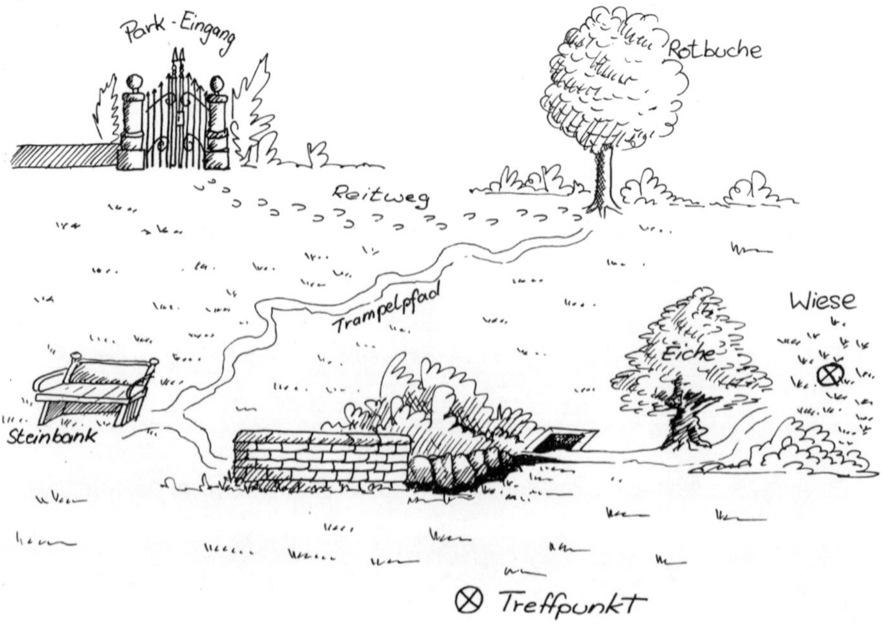

Beschreibung:

- ☐ Krieche im Gebüsch hinter der Steinmauer durch den Graben.
- ☐ Gib acht!
- ☐ Fallgrube!
- ☐ Folge dem Trampelpfad bis zur Steinbank.
- ☐ Zuerst musst du vom Haus deiner Eltern den Parkeingang erreichen.
- ☐ Rechts neben der Eiche siehst du ein Gebüsch.
- ☐ Jetzt gehe den Reitweg entlang bis zur Rotbuche.
- ☐ Auf der kleinen Wiese hinter dem Gebüsch findest du unseren Treffpunkt.

BERICHTEN

1 Einen Stichwortzettel/ Merkzettel anlegen

Tinas beste Freundin Lena ist erkrankt und muss das Bett hüten. Ihre größte Sorge ist, dass sie in der Schule etwas verpassen könnte. Aber mit dem Husten würde sie andere nur stören, also bleibt sie schweren Herzens zu Hause. Nachmittags bekommt sie Besuch von Tina. Nachdem sie sich eine Weile hat bedauern lassen, bombardiert sie Tina mit Fragen: „Was habt ihr denn heute alles in Erdkunde gemacht? Wie weit seid ihr gekommen?"
„Nun mal langsam", lacht Tina. „Eins nach dem anderen." Aber als sie Lena vom Unterricht berichten will, fällt ihr lediglich ein, dass sie übers Fischen mit dem Schlepp- und Treibnetz gesprochen haben. Lena ist ganz sauer: „Warum hast du dir denn nichts notiert, dann könnte ich jetzt auch etwas lernen!"

AUFGABE

1 Welche Vorteile hat es, wenn man sich über einen Stundenverlauf Notizen macht?

Tina nimmt sich vor, in der nächsten Stunde einige Notizen anzufertigen, damit sie ihre Freundin zufriedenstellen kann. Als sie wieder zu Besuch kommt, hält sie folgenden Zettel in der Hand:

> Netz auswerfen,
> Fische schlachten,
> in Kisten füllen und verladen,
> dann in die Kühltruhe legen
> und verkaufen.

AUFGABE 2

Glaubst du, dass Tina mit diesen Notizen Lena einen kompletten Bericht abgeben kann? Begründe.

Thema des Unterrichts war:

Vom Fischfang bis zum Küchentisch

Mit Hilfe von Filmen und Bildfolgen bearbeitete der Lehrer mit den Schülern den Weg des Fisches vom Meer bis zum Verzehr. Anhand des folgenden Berichtes sollst du den Weg nachvollziehen können. (So ungefähr ist auch die Unterrichtsstunde verlaufen.)

Für den Fischfang wird abends das Netz ausgeworfen. In den frühen Morgenstunden wird es Stück für Stück wieder eingeholt. Die Fische werden herausgeschüttet, geschlachtet und ausgenommen. Sofort werden sie in Eis verpackt. Im Hafen angekommen, landet das Schiff an, und die Ladung wird gelöscht. Sofort wird der Fisch in Auktionskisten gefüllt und anschließend versteigert. Die Großhändler verladen die Ware in ihre Kühlwagen und transportieren den Fisch ins Geschäft, um ihn da in die Kühltruhe zu legen. Dort kauft ihn dann die Hausfrau und kann ihn zu Hause zubereiten.

AUFGABE 3

Stelle aus diesem Bericht einen Notizzettel mit geordneten Stichwörtern zusammen. Vergiss die Überschrift nicht.

MERKE

Ein Stichwortzettel muss die wichtigsten Informationen enthalten und übersichtlich angeordnet sein, d.h.
- er sollte mit einer Überschrift versehen sein,
- die Stichwörter werden untereinander geschrieben,
- es sollten keine vollständigen Sätze gebildet werden,
- die richtige Reihenfolge muss eingehalten werden.

AUFGABE

4 Welche Vorteile hat ein solch geordneter Stichwortzettel?

Ihr habt im Physikunterricht folgenden Versuch durchgeführt:

Ein undurchlässiges Sieb

Für diesen Versuch benötigst du eine Flasche mit einem Blechdeckel, einen 3 mm dicken Nagel, einen Hammer, Wasser. Schlage nun ca. 30 Löcher in den Deckel, fülle die Flasche mit Wasser, schraube sie zu und halte eine Hand über den Deckel. Stellst du die Flasche auf den Kopf und nimmst deine Hand weg, wirst du feststellen, dass kein Wasser herausläuft.

Begründung:
Durch den Zusammenhalt der Moleküle an der Wasseroberfläche wird jedes Loch wie mit einer feinen Haut verschlossen. Es dringt keine Luft in die Flasche hinein, und deshalb kann auch kein Wasser herauslaufen.

AUFGABE

5 In der nächsten Stunde sollst du anhand dieser Zeichnung darüber berichten. Notiere einige Stichwörter:

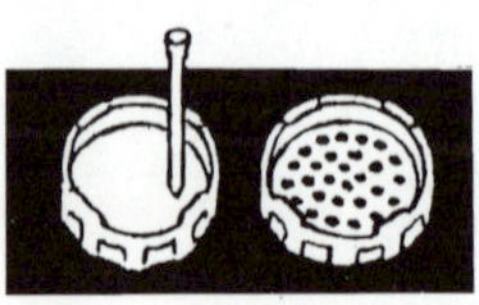

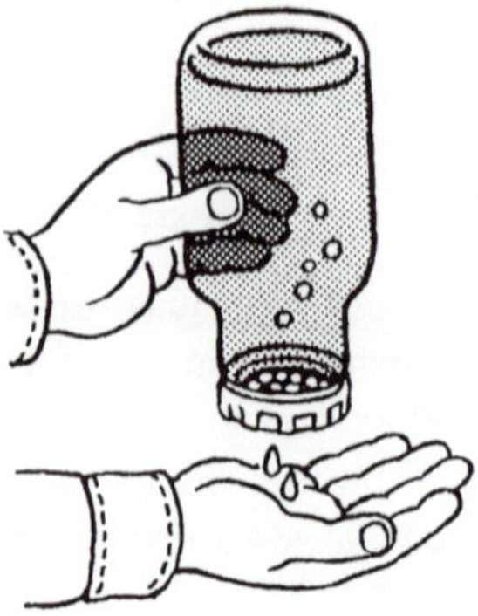

Denke daran, du willst über drei Dinge berichten:
1. Was wird für den Versuch benötigt?
2. Wie läuft der Versuch ab?
3. Welche Begründung gibt es für das Ergebnis?

Ordne deine Stichwörter entsprechend.

AUFGABE 6

Vielleicht hast du schon das Rückenschwimmen erlernt. Stell dir vor, du sollst mit Hilfe der Abbildungen darüber im Sportunterricht berichten. Du machst dir am besten zu jedem Bild Notizen.

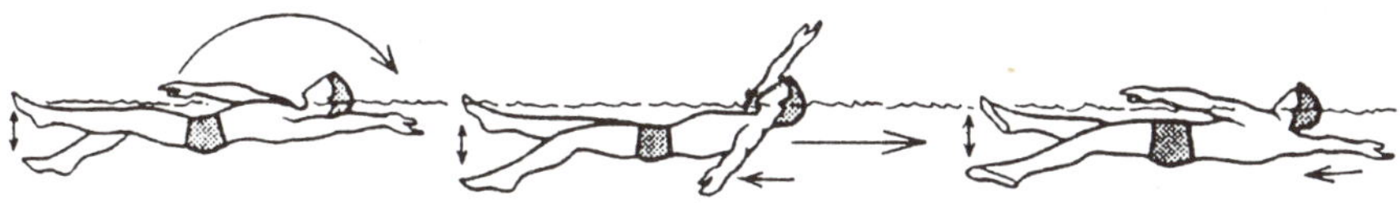

AUFGABE 7

Susannes Großvater ist Imker. Darum hat die Lehrerin sie gebeten, den Mitschülern etwas über Bienen zu erzählen. Aufmerksam hat sie beim Opa zugeschaut. Außerdem hat er ihr einen Text mitgegeben.

Susanne erstellt folgenden Merkzettel, mit dem sie ihren Bericht vor der Klasse geben will. Wie beurteilst du diesen Merkzettel?

Bei den Bienen gibt es Arbeitsbienen, Drohnen, sie haben einen Bau und sie sammeln Nektar. Pollen, Königin, Honigbiene. Sie stechen. Dagegen hilft Bienenhaube.

AUFGABE 8 Hier sind zwei neue Zettel. Welcher ist geeignet für einen Bericht in der Klasse? Begründe.

a)

leben im Volk. Königin, Drohnen, Arbeitsbienen, sammeln nur Nektar, Stachel, sterben nach dem Stechen. Waben Nahrung fürs Volk, neue Königin bildet neues Volk, liefert Honig und Wachs

b)

Die Honigbiene
staatenbildendes Insekt. 1 Königin.
Arbeitsbienen (20 000–70 000).
Drohnen (500–2000) (Männchen)

Königin
langer Hinterleib
legt Eier
bei neuer Königin fliegt alte weg
und gründet neuen Staat

Drohnen
plump
aus unbefruchteten Eiern
ohne Stachel
werden nach der Hochzeit vertrieben

Arbeitsbienen
sammeln Nektar und Pollen
kräftige Mundwerkzeuge
zum Sammeln Körbchen am Hinterbein
Stachel (Verlust nach Stechen)
Stich tödlich
Honigmagen
bildet aus Blütensaft Honig
Drüsen für Wachs — Waben — Bienenwohnung

AUFGABE 9

Dient der Merkzettel als Gedächtnisstütze beim mündlichen Berichten, sind Skizzen sinnvoll und ein ausformulierter Einleitungssatz wichtig, damit kannst du die anfängliche Nervosität überwinden. Formuliere den ersten Satz für Susannes Bericht.

AUFGABE 10

Vielleicht hast du Lust, jetzt einmal einem Freund oder einer Freundin etwas über Bienen zu berichten. Viel Spaß.

MERKE

Ein Merkzettel muss übersichtlich angeordnet sein, damit man sich auf ihm schnell zurechtfinden kann. Das heißt:

- die Informationen müssen in der richtigen Reihenfolge erscheinen
- die Informationen sollen möglichst nach Oberpunkten geordnet sein
- er soll nur Wesentliches und nichts Unwichtiges enthalten.

2 Wesentliche Informationen zusammenfassen

Die Klasse 6b hat einen neuen Biologielehrer bekommen. Er ist ganz nett, nur für Hausaufgaben hat er eine ganz besondere Vorliebe. In der nächsten Biologiestunde soll jeder Schüler kurz über ein Tier berichten, das ihm gut gefällt.
Ingo sitzt zu Hause und brütet über seinen Hausaufgaben. Er hat sich entschlossen, über den Wolf zu berichten und erinnert sich an das Märchen „Rotkäppchen" und an eine Fabel „Der Wolf und das Lamm". Gleich macht er sich Notizen in sein Heft:

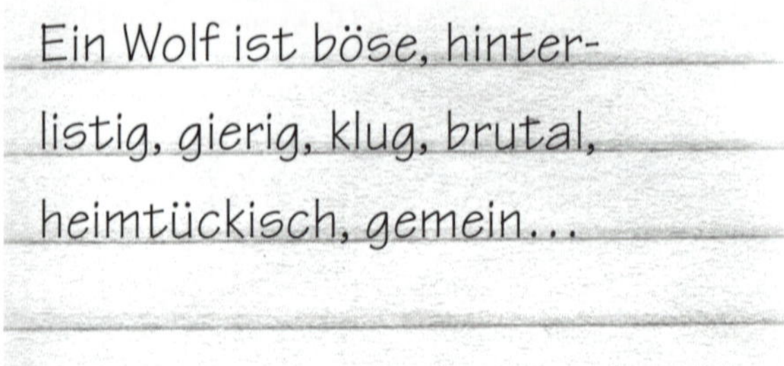

Das ist alles, was ihm zum Thema „Wolf" einfällt. Er meint, eigentlich weiß das jeder, darüber brauche ich nicht zu berichten. Herr Winter und seine Mitschüler erwarten etwas anderes von ihm, das weiß Ingo.

AUFGABE

1 Eignen sich Ingos Notizen als Information für den Biologieunterricht? Begründe.

MERKE

Berichten heißt **sachlich informieren**, d.h. du sollst über eine Sache oder einen Vorgang möglichst viele Informationen zusammenstellen. Du musst Tatsachen wiedergeben und nicht Meinungen oder Vorurteile.

Ingo muss sich erst selbst einmal Informationen über den Wolf beschaffen. Da fällt ihm ein, im Lexikon nachzuschauen, und er findet unter dem Stichwort „Wolf“ folgenden Text:

Der **Wolf** (Canis lupus) ist die größte Art der hundeartigen Raubtiere (Familie Canidae). Er wird 100 bis 140 cm lang (Schwanzlänge 30–50 cm) und bis zu 80 kg schwer.
Der Wolf war früher in vielen Unterarten über weite Teile Europas, Asiens, Nord- und Mittelamerikas verbreitet, ist heute aber in vielen Ländern zurückgedrängt oder ausgerottet. Größere Bestände gibt es nur noch in der Sowjetunion, in Alaska und Kanada. Einzelgänger in Südwesteuropa, Skandinavien, Osteuropa und den USA. Bedroht ist der Indische Wolf, der als Stammform des Haushundes gilt.
Der Wolf lebt in Rudeln und ist ein Hetzräuber, der seine Beute (meist Huftiere, aber auch Kleinsäuger) lange verfolgt. Meist fallen ihm kranke und schwächliche Tiere zum Opfer.
Die Wölfin bringt nach neunwöchiger Tragezeit 3–10 (meist 5–7) blinde und hilflose Junge zur Welt. Nach achtwöchiger Säugezeit, in der sie rasch wachsen, werden die Jungen entwöhnt und anschließend an das Raubtierleben gewöhnt.

Ingo sucht weiter und findet in einem Tierbuch weitere Informationen:

„Das größte hundeartige Wildsäugetier der Erde ist der Wolf (Canis lupus). Es gibt zahlreiche Arten von Wölfen. Die größte Art bilden die riesenhaften weißen Polarwölfe. Hellgelbsandfarben sehen die Wölfe Arabiens aus. Andere Rassen sind rötlich gefärbt oder silbergrau. Europäische Wölfe erscheinen gewöhnlich graubraun, wobei die Färbung des kürzeren Sommerkleides mehr ins Rötliche spielt als bei dem langhaarigen und stumpf grauen Winterfell. Ein alter Irrtum ist, dass Haushunde, nicht aber Wölfe und andere Wildhunde, bellen könnten. Wölfe haben durchaus Bell-Laute für bestimmte Situationen in ihren angeborenen Lautanlagen.“

Ingo liest die beiden Texte und ist der Meinung, dass diese Informationen ihm helfen können.

MERKE

Um einen Bericht zu schreiben, muss man sich zuerst Sachkenntnisse verschaffen, d.h. Informationen einholen.

Jetzt überlegt Ingo und fragt sich, was ist denn wichtig für meinen Bericht?

Hier sind einige Fragen, die Ingo helfen könnten, die wichtigsten Informationen aus den Texten herauszuholen und zu ordnen:

a) Zu welcher Tiergruppe gehört der Wolf?
b) Wie sieht er aus?
c) Wo lebt er?
d) Wie ernährt er sich?
e) Was erfährt man über die jungen Wölfe?

AUFGABE **2** Lies nun noch einmal beide Texte (S. 87) und versuche Antworten auf diese Fragen zu finden. Formuliere in Stichworten.

Z.B. Antwort zu a)
– größte Art der hundeartigen Raubtiere

MERKE

Fragen, die man zu einem Text formuliert, sind eine Hilfe, um die Informationen zu ordnen.

Mit Hilfe dieser Stichworte könnte Ingo seine Mitschüler sachlich informieren. Leichter ist es für ihn, wenn die Stichworte zusammengefasst und in Sätzen formuliert sind.

AUFGABE **3** Versuche mit Hilfe der Stichworte einen Bericht zu schreiben. Denke an das, was du in diesem Buch über das Schreiben von Texten gelernt hast. (Satzanfänge, vollständige Sätze, wechselnde Wortwahl, ...)

Geschichte bei Herrn Meyer steht auf dem Stundenplan. Die 6b ist mal wieder in Stimmung. Alle Schüler toben durch die Klasse, und Klaus muss dran glauben. Er wird erwischt und bekommt eine Sonderaufgabe auf. Herr Meyer gibt Klaus einen Text über die Germanen. Klaus soll für die nächste Stunde diesen Text zusammenfassen und im Unterricht darüber berichten. Klaus ist ganz schön sauer. Zu Hause rafft er sich auf und liest den Text erst einmal genau durch.

Hier ist der Text, du kannst Klaus bestimmt bei seiner Aufgabe helfen.

So lebten die Germanen

Die Urheimat der Germanen war die Nord- und Ostsee. Einzelne Gruppen oder ganze Stämme brachen immer wieder auf und zogen nach Süden, um neues Ackerland zu erkämpfen. Sie wohnten abgesondert und einzeln, gerade dort, wo ihnen eine Quelle, ein Feld oder ein Waldstück gefallen hatte. Sie bauten ihre Dörfer nicht Haus an Haus, sondern jedes Haus war von freiem Raum umgeben. Sie bauten ihre Häuser aus unbehauenem Holz. Im Innenraum des Hauses standen die Herdstelle und der Backofen, der Wohnraum war gleichzeitig Wirtschaftsraum. Licht kam durch Giebelluken ins Innere. Der Fußboden bestand aus einer Bretter- oder Bohlenlage, wenn er nicht mit Steinen gepflastert oder in Lehm gestampft war. Eine breitere hölzerne Sitz- und Schlafbank lief entlang der Längswände. Gefäße aus Ton und Holz waren auf hölzernen Trägern aufgereiht.
Die Germanen waren Ackerbauern und Viehzüchter. Neben der Feldarbeit zogen die Männer gern zur Jagd, um einen Auerochsen oder einen Hirsch zu erlegen. Das wichtigste Gerät war der Pflug. Dieser war gegenüber dem alten Hakenpflug sehr verbessert. Er besaß ein gebogenes Schar, das den Boden aufschnitt und in Schollen umbrach. Die Bauern pflanzten ausschließlich Getreide an. Die Äcker wurden nur jedes zweite Jahr bestellt, damit der Boden sich erholen konnte.
Die Frau schaffte in Garten und Haus, sie musste das Mehl auf dem Mahlstein reiben, Brot backen und für das Essen sorgen. Das Vieh verlangte seine Wartung, Vorräte, wie Getreide, Pilze, Beeren mussten eingebracht werden und für den Winter getrocknet werden. Waren die Kinder und das Haus versorgt, kümmerte sich die Frau um die Kleidung, die Spinnräder klapperten, der Webstuhl rief zur Arbeit, aus Leder wurden Schuhe geschnitten. Töpfe und Schüsseln formten eilige Hände aus weichem Lehm.

AUFGABE **4**

Lies den Text aufmerksam durch. Auf welche der folgenden Fragen gibt der Text Antworten? Kreuze an.

- ☐ Wie wohnten die Germanen?
- ☐ Welche Haustiere hatten sie?
- ☐ Welche Aufgaben hatten die Männer?
- ☐ Welche Aufgaben hatten die Frauen?
- ☐ In welche Schule gingen ihre Kinder?
- ☐ Welche Haushalts- und Arbeitsgeräte benutzten die Germanen?

AUFGABE **5**

Schreibe die Antworten auf die Fragen stichwortartig heraus.

AUFGABE **6**

Wenn du nun die Stichworte zu Sätzen formulierst, erhältst du eine Zusammenfassung der wichtigsten Informationen.

Tagesablauf festhalten

Klassenfahrt nach Winzheim. Es ist einfach super! Im Ort gibt es viele Möglichkeiten, etwas zu unternehmen. Heute Nachmittag haben die Schüler der 6b sogar von 14 bis 18 Uhr Freizeit. Sie können diese Zeit frei gestalten, mit einer Auflage allerdings, sie müssen mindestens zu zweit sein, wenn sie etwas unternehmen wollen. Gegen 18 Uhr kommen alle pünktlich zur Jugendherberge zurück. Sie sind guter Dinge und berichten lauthals von ihren Erlebnissen am Nachmittag. Doch plötzlich ist die Stimmung gedämpft. Frau Wiesemeier tritt in den Aufenthaltsraum und mit ihr der Dorfpolizist. Er hebt mit tiefer Stimme an: „Frau Dorn, die Inhaberin des Geschenkartikelladens, hat Anzeige erstattet. Zwei Schüler aus der Gruppe haben heute Nachmittag in ihrem Geschäft Sachen im Wert von 30,– DM gestohlen." Alle kucken betreten in die Runde. Frau Wiesemeier ist sehr verärgert und veranlasst alle Schüler, über den Zeitraum von 14 bis 18 Uhr einen Bericht anzufertigen mit Zeitangaben und Aufenthaltsort.
Danach sollen alle Schüler mit ihrem Bericht bei ihr zu einem Gespräch erscheinen. Sie sagt dem Dorfpolizisten zu, ihm bei der Aufklärung des Falls zu helfen. Die Schüler sind sehr bedrückt und nach dem Abendessen gehen sie auf ihre Zimmer und beginnen mit der lästigen, äußerst unangenehmen Arbeit.
Uwe und Silke nehmen ein Blatt und machen Notizen:

14.00 Uhr Gang in den Ort
14.15 Uhr Eis essen in der Eisdiele am Markt
15.00 Uhr Kino – Film: Walt Disneys „Dschungelbuch"
16.30 Uhr Einkaufsbummel: Spielwarengeschäft, Supermarkt, Kiosk
17.00 Uhr Frittenbude am Bahnhof
17.30 Uhr Rückweg, am Schwimmbad vorbei
17.45 Uhr Ankunft in der Jugendherberge

AUFGABE

1 Die Stichworte können auch zu einem zusammenhängenden Text formuliert werden. Vervollständige die folgenden Sätze mit Hilfe der Stichworte.

Um 14.00 Uhr ______________________________.

Nachdem wir ______________________________, gingen wir um 15.00 Uhr ______________________________. Der anschließende Einkaufsbummel, um 16.30 Uhr ______________________________, so dass wir gegen 17.00 Uhr ______________. Um 17.30 Uhr ______________ und erreichten um 17.45 Uhr die Jugendherberge.

MERKE

Ein Bericht über einen bestimmten Zeitraum muss zeitlich gegliedert sein, sollte nur sachliche Informationen enthalten und in der Vergangenheit geschrieben werden.

AUFGABE

2 Versuche selber einmal, deinen Tagesablauf oder einen kürzeren Zeitraum erst in Stichworten, dann als zusammenhängenden Text aufzuschreiben.

Sebastian sitzt am Abend ganz verzweifelt am Küchentisch. Er hat seinen Schlüssel verloren. Nun bleibt ihm nichts anderes mehr übrig, als es seiner Mutter zu sagen. Seine Mutter beruhigt ihn und meint, er solle doch noch einmal ganz in Ruhe überlegen. „Als du aus dem Haus gingst, hattest du den Schlüssel in deiner Hand. Was hast du denn am Nachmittag gemacht?" Sebastian denkt nach, und es fällt ihm auch alles ein, doch in seinem Kopf besteht noch einige Unordnung.

AUFGABE

3

a) Du kannst Sebastian helfen. Schreibe zu jedem Bild von S. 93 die passende Uhrzeit. Achtung: es sind verschiedene Lösungen möglich.

b) Schreibe das Nachmittagsprogramm von Sebastian in Stichworten auf.

c) Schreibe mit Hilfe der Stichworte einen Bericht.

①

②

③

④

⑤

⑥

4 Zweck und Absicht im Bericht

Die 6b hat Verkehrsunterricht. Die Schüler sollen einen kleinen Verkehrsfilm wiedergeben, den sie gerade gesehen haben. Jan beschreibt die Szene folgendermaßen:
„Ungefähr 10 Jungen spielen an einer Bushaltestelle. Zwei Jungen beginnen miteinander zu ringen und geraten dabei an den Straßenrand. In diesem Augenblick ..."
Carolin gibt die Szene anders wieder:
„Es ist früher Herbst. Auf der Wiese liegen schon viele Blätter. Manche Bäume sind aber noch grün. Am Rand einer Straße kämpfen zwei Jungen. Sie kommen bestimmt gerade vom Sport und müssen sich noch abreagieren ..."

AUFGABE 1

Wer von den beiden gibt das wieder, was für den Verkehrsunterricht wichtig ist?

AUFGABE 2

Wie könnte der Film weitergehen? Setze die Wiedergabe, die du für die geeignete hältst, fort.

Nach mehreren Beinahe-Unfällen droht die Polizei, den Bolzplatz von Jugendlichen in der Nordstadt zu schließen. Jens, Mischa und die andern tun sich zusammen, schreiben einen Brief an die Stadtverwaltung, ein Flugblatt für die Autofahrer. Sie wollen ein Gitter um ihren Bolzplatz, um weiter ungefährdet spielen zu können. Auch die beiden Tageszeitungen der Stadt sind an der Angelegenheit interessiert und veröffentlichen folgende Berichte:

AUFGABE 3

Vergleiche die beiden Zeitungsberichte (S. 95).
Stelle dir dazu die folgenden Fragen:

Was unterscheidet die beiden Überschriften?
Wessen Argumente kommen am meisten zu Wort
Wie wird das Problem dargestellt?
Welcher Ausblick auf die künftige Entwicklung wird gegeben?

a)

Stadtverwaltung unter Druck gesetzt

Wegen eines ‚dringend notwendigen' Gitters um ihren Bolzplatz haben Jugendliche aus der Nordstadt die Stadtverwaltung aufgefordert, aktiv zu werden. Nach ersten Stellungnahmen der Stadtverwaltung ist der Kostenaufwand für ein solches Gitter aber zu groß. Bei vorsichtiger Spielweise sei der Bolzplatz im jetzigen Zustand hinreichend sicher.

b)

Jugendliche fordern sicheren Bolzplatz

Nach mehreren Beinah-Unfällen durch Fußbälle, die versehentlich auf der Straße landeten, ist nun eine Gruppe jugendlicher Fußballamateure aus der Nordstadt aktiv geworden. Sie halten eine Sicherung ihres Bolzplatzes, der einzigen Spielmöglichkeit für Jugendliche in diesem Stadtteil, für dringend notwendig. Dies teilten sie gestern in einem Brief an die Stadtverwaltung mit. Ferner bitten sie zur Zeit in einer Flugblattaktion die Autofahrer, rund um den Platz vorsichtig zu fahren und sie bei ihren Forderungen zu unterstützen. Die Stadtverwaltung reagierte bisher ablehnend. Die Jugendlichen wollen aber nicht aufgeben. Sie werfen der Stadt vor, gerade den nördlichen Teil der Stadt, was die Ausstattung mit Freizeitmöglichkeiten angehe, bisher übergangen zu haben. Dies müsse nun nachgeholt werden.

AUFGABE 4 Für wen ergreifen die Berichte wohl jeweils **Partei**?

MERKE

Wer berichtet, will oft mehr als nur berichten. Er verfolgt eine bestimmte Absicht, einen Zweck, der in seinem Bericht ganz offen oder nur versteckt ausgedrückt sein kann.

AUFGABE 5

Ordne die folgenden Verbformen. Welche stehen in der Gegenwart, welche in der Vergangenheit und welche in irgendeiner Konjunktivform?

er lief, er geht, er arbeite, er hüpfe, sie lag, sie liege, sie liegt, sie hatte gelegen, sie hat gelegen, sie liest, sie las, sie wünschte sich, sie hat getanzt, sie tanze

AUFGABE 6

Erkläre: Warum verwenden die beiden Zeitungsberichte manchmal
die Vergangenheitsform,
die Gegenwartsform,
die Konjunktivform?

AUFGABE 7

Verfasse zwei kurze Zeitungsberichte über dasselbe Ereignis, aber aus verschiedener Sicht. Benutze dazu die folgenden Stichwörter. Für wen ergreift wohl Artikel A, für wen Artikel B Partei?

Artikel A: Sandkästen sind kein Hundeklo, häufige Beschwerden, Empörung, Nachlässigkeit von Hundehaltern, Gesundheitsgefährdung besonders für kleine Kinder, Stadt wird aktiv, Sand erneuern, strenge Bußgeldbescheide, Leinenzwang

Artikel B: Hundeliebhaber angegriffen, Vorwürfe, ständige Streitereien, Hundesteuer ohne Gegenleistung, Eltern machen Druck, Hundebesitzer fühlen sich ungerecht behandelt, Stadt gibt Eltern nach, Leinenzwang, Hundedemonstration angekündigt, Hunde oft einzige Freude für alte Menschen

5 Über Ergebnisse von Gruppenarbeiten berichten

Nach der großen Pause stürmen die Schüler der 5b in die Klasse. Alle schreien, toben, schimpfen und rempeln sich an. Frau Sommer, die Klassenlehrerin, betritt die Klasse. Nur hier und dort kann sie in dem Krach einige Sätze und Wörter verstehen: „Du bist in die Pfütze getreten!“, „Du Blödmann!“, „Ich will in der Pause …“, „Die Großen haben mich …“, „Meine Hose ist ganz nass.“ Erst nach einer Weile beruhigen sich die Schüler, und da Frau Sommer bemerkt hat, dass die Aufregung ihrer Schüler mit der Pause zu tun hat, führt sie ein Gespräch mit ihnen über die anstehenden Probleme.
Am Ende des Gesprächs wird deutlich, dass die Schüler der 5b ihre Pause anders gestalten wollen. Frau Sommer erklärt ihnen jedoch, dass sie mit Schimpfen und Schreien nichts erreichen. Sie schlägt vor, dass sie ihre Kritik und ihre Vorschläge dem Schulleiter mitteilen sollten. Das Gespräch mit dem Schulleiter muss aber vorbereitet werden, und dabei hilft sie ihren Schülern.
Sie gibt ihnen folgende Aufgabe: Überlegt und diskutiert in Gruppen das Thema „Pausengestaltung“ und schreibt eure Ergebnisse in Stichworten auf. Nach einer halben Stunde sammelt sie die Gruppenergebnisse ein. Sie erhält vier Zettel mit folgenden Äußerungen:

– Die Großen ärgern uns immer.
– Auch bei Kälte und Nässe müssen wir nach draußen.
– Wir wollen in der Pause Karten spielen.
– Der Markus aus dem 8. Schuljahr macht sich immer lustig über uns.
– Die Mädchen sind immer so zickig.

– Manche wollen einen Raum, in dem es ruhig ist.
– Man müsste Getränke und etwas zu essen kaufen können.
– Erwin, Peter und Udo wollen immer Autoquartett spielen.
– Wir wollen einen anderen Schulhof, damit wir richtig spielen können.

– Wir wollen in der Pause Musik hören.
– Manche Schüler rempeln uns immer an.
– Es gibt keine Sitzgelegenheiten auf dem Hof.
– Wir finden den Schulhof doof.
– Wir wollen eine angenehmere Pause, damit wir uns danach im Unterricht besser konzentrieren können.

– Die 6a ist so eingebildet und macht in der Pause nur doofe Bemerkungen.
– Immer müssen wir raus, auch wenn wir keine Lust haben.
– Wir wollen uns in der Pause entspannen, damit wir unsere Wut nicht an anderen auslassen müssen.

AUFGABE 1

Frau Sommer bittet nun die beiden Klassensprecher, die Gruppenergebnisse zu ordnen und diese dann dem Schulleiter vorzulegen.

AUFGABE 2

Streiche die Äußerungen durch, die nichts mit der Pausengestaltung zu tun haben.

Jetzt dürfte es dir leicht fallen, die Ergebnisse zu ordnen. Schreibe zu den folgenden Oberpunkten Stichworte auf.

a) Kritik:

b) Verbesserungsvorschläge:

c) Begründungen:

AUFGABE 3

a) Die Gruppenergebnisse können so geordnet dem Schulleiter vorgetragen werden. Es ist jetzt sicher auch nicht mehr so schwer, die Ergebnisse zu einem Bericht zusammenzufassen, der das Anliegen der Schüler deutlich macht. Bevor du dies machst, suche dir einen geeigneten Einleitungssatz aus:

- Wir haben uns etwas überlegt.
- Wir möchten Ihnen unbedingt etwas mitteilen.
- Eine Diskussion in unserer Klasse hat deutlich gemacht, dass ...

b) Versuche nun den Bericht zu schreiben.

MERKE

Ergebnisse einer Gruppenarbeit müssen klar gegliedert sein und sich deutlich auf die Aufgabenstellung beziehen.

6 Einen Zeitungsbericht verfassen

Gaby, Klaus und Sabine sitzen vor dem Unterricht im Klassenraum. Sabine muss noch schnell die Englischhausaufgaben abschreiben, als Gaby sie unterbricht:

Gaby: Mensch, ich war gestern mit Klaus in der Realschule auf dem Sommerfest. Das war einfach Spitze. Die hatten ein Hummelballett, das war bühnenreif.

Klaus: Und erst die Modenschau „Verrückt“! So irre Kostüme habe ich noch nie gesehen, einfach phantastisch!

Gaby: Höhepunkt war die Michael-Jackson-Parodie. Die war fernsehreif, der helle Wahnsinn!

Sabine vergisst glatt, ihre Aufgaben weiter abzuschreiben. „Könnt ihr darüber nicht in unserer Schülerzeitung einen Bericht schreiben? Die sind um jeden Artikel verlegen. Außerdem wäre das mal etwas anderes. Vielleicht kriegen unsere Mitschüler dann auch mal so etwas auf die Beine.“

Klaus: So etwas habe ich aber noch nie gemacht. Wie geht das denn?

Sabine: Du musst schon genauer schreiben, als du jetzt redest. Dabei darfst du aber nicht ins Schwärmen geraten, der Artikel sollte eher sachlich sein. Du musst aber trotzdem so verfahren, dass man sich den Ablauf des Abends genau vorstellen kann.

Klaus: Hm, Gaby, da musst du mir aber helfen. Am besten notieren wir uns einige Stichwörter mit den nötigsten Informationen.

AUFGABE 1 Sabine gibt Klaus bereits einige Hinweise für das Verfassen eines Berichts, schreibe sie heraus.

Pünktlich zum Unterrichtsbeginn hat Klaus das letzte Wort aufgeschrieben. Sein Stichwortzettel sieht folgendermaßen aus:

25.8., 19.30 bis 21.00 Uhr, Aula Heinrich-Böll-Realschule, Pinguintanz, Modenschau „Verrückt“, Hummelballett, zwei Hummeln führen durchs Programm, Square Dance, Las-Vegas-Zaubernummer, Spezialitätenbüfett, Getränkestand, Motto: Eine Reise um die Welt, Sketche, Michael-Jackson-Parodie, Play-Back-Nummern verschiedener Künstler, begeisterte Eltern, Zuschauer wollen Zugaben, alle Kostüme selbst entworfen und genäht, Dekorationen und Bühnenbild selbst gestaltet, Schüler wollten schönen Abend bereiten.

Aus dem Stichwortzettel soll ein Bericht entstehen, der die folgenden Fragen beantworten soll:

a) **Wann** fand das Fest statt?
b) **Wo** war die Veranstaltung?
c) **Wer** führte sie durch?
d) **Was** wurde geboten?
e) **Wie** wurde es dargestellt?
f) **Warum** wurde das Fest veranstaltet?

AUFGABE 2

Schreibe nun zu jeder Frage die entsprechenden Stichwörter aus dem Notizzettel heraus.

wann?	25. 8., 19.30 – 21.00 Uhr
wo?	
wer?	
was?	
wie?	
warum?	

MERKE

Grundlage für die Erstellung eines Berichts ist ein Stichwortzettel, der nach den Fragen
Wann? Wo? Wer? Was? Wie? Warum?
geordnet werden kann.

AUFGABE 3

Das, was du berichten willst, hat sich in der Vergangenheit zugetragen. Schreibe aus folgendem Text die Verbformen in der Vergangenheit heraus. Du kannst die Verbformen ordnen nach Präteritum, Perfekt und Plusquamperfekt.

Wie in jedem Jahr, so feierte auch gestern die Heinrich-Böll-Realschule ihr Sommerfest. Schon Wochen vorher hatten die Schüler mit ihren Proben begonnen. Sie opferten manchen Nachmittag dafür. Doch die Mühe hat sich gelohnt. Immer wieder riefen die Eltern nach Zugaben. Die Darsteller lagen sich vor Freude in den Armen. Vergessen war alle Mühe. Auch für unseren Reporter war es kein verlorener Abend, denn gleich bei seiner Rückkehr ins Pressehaus sagte er: „Dort ist es immer wieder schön, die Atmosphäre begeistert mich."

MERKE

Ein Zeitungsbericht ist in der Regel in der Vergangenheitsform verfasst.

AUFGABE 4

Schreibe in kurzen Sätzen auf, was du gestern Nachmittag getan hast. Suche auch in deinem Bericht alle Verbformen in der Vergangenheit heraus und ordne sie wiederum nach den drei Vergangenheitsformen.

Einen Tag, nachdem Gaby ihren Bericht der Redaktion abgegeben hatte, erhielt sie ihn zurück mit folgender Bemerkung:

Du musst den Text unbedingt überarbeiten. Für die Schülerzeitung ist er zu lang. Wenn du dich auf die wichtigsten Tatsachen beschränkst und deine eigene Stellungnahme zu den einzelnen Nummern weglässt, ist dein Artikel druckreif.

AUFGABE 5

Aus der Bemerkung der Redaktion kannst du weitere Hilfen für das Schreiben eines Berichts entnehmen. Arbeite sie heraus.

AUFGABE 6

Hier ist ein Ausschnitt aus Gabys Bericht:

> … Acht niedliche, kleine Pinguine bewegten sich trippelnd auf der Bühne zu den Klängen der Musik „I'm singing in the rain“. Welche Arbeit müssen die Schüler gehabt haben, die die Kostüme genäht haben. Sicher saßen sie tagelang an der Nähmaschine. Manch echter Pinguin würde beim Anblick der Kostüme vor Neid erblassen. Am besten bewegte sich der zweite von rechts. Nur der kleine, pummelige Pinguin in der zweiten Reihe beherrschte seine Schrittfolge nicht. Er schielte nur nach seinen Nachbarn. Meiner Meinung nach müsste so etwas bei der Probe bemerkt werden und der Tänzer gegen einen Ersatzmann ausgetauscht werden …

Versuche bitte, den vorliegenden Abschnitt zu kürzen. Beachte dabei die in Aufgabe 5 angesprochenen Forderungen.

MERKE

Ein Bericht soll kurz und sachlich sein, die wichtigsten Tatsachen enthalten, den ganzen Ablauf des Geschehens wiedergeben.
Auf eine eigene Stellungnahme wird verzichtet.
Er soll mit einer Überschrift versehen werden.

AUFGABE 7

Fertige nun einen vollständigen Bericht für die Schülerzeitung an. Grundlage dafür ist dein Stichwortzettel. Beachte auch die Zeit. Denke daran: Eine treffende Überschrift weckt die Neugier des Lesers.

AUFGABE 8

Schreibe jetzt einen Bericht über ein sportliches Ereignis (Fußball, Handball o.ä.) oder über den Verlauf des letzten Schulsportfestes, der in eurer Schüler- oder Wandzeitung veröffentlicht werden kann. Denke dabei an den Stichwortzettel und die W-Fragen.

AUFGABE 9

Im folgenden Zeitungsbericht ist einiges verloren gegangen und durcheinander geraten. Versuche, den Bericht sinnvoll zu ergänzen und die einzelnen Teile in eine richtige Reihenfolge zu bringen.

Stelle dir dabei die folgenden Fragen:
- Was ist die **Überschrift**?
- Was gehört in die **Einleitung**?
- Was gehört in den **Schluss**?

Doch nach vier Tagen verstummte der Jubel jäh. Da bestimmte das Unterrichtsministerium, dass die Klasse aus Ribe ihre Prüfung nochmals machen muss …… Henrik Moltke, einer der Väter, kann die Welt nicht mehr verstehen: „Durch das deutsche Fernsehen sind wir hier bald zweisprachig. Schon fünfjährige Kinder sprechen fließend deutsch, weil sie so viele deutschsprachige Zeichentrickfilme sehen. Wir werden das so nicht hinnehmen!“ ……

Schüler konnten zu gut Deutsch …… Vier Tage lang hatten die Abiturienten des Gymnasiums in der dänischen Stadt Ribe ihre Höchstnoten bejubelt …… Doch Peter Smith, als Prüfer nach Ribe gekommen, verteidigt seine Noten. „Da war kein Schwindel dabei. Uns war klar, dass die Zensuren Aufsehen erregen würden. Doch da war nichts zu machen. Die Schüler waren einfach tüchtig, extrem tüchtig. Ich habe nie etwas Ähnliches erlebt.“ …

MERKE

Beim Berichten musst du sehr auf den Aufbau achten.
Besonders die ersten Sätze sind wichtig, damit auch ein Leser, der noch gar nicht informiert ist, schnell weiß, worum es geht.
Am Schluss eines Berichts soll von den Folgen eines Ereignisses in der Gegenwart oder in der Zukunft die Rede sein.

AUFGABE

10 In manchen Zeitungsberichten wird als **Einleitung im Fettdruck eine Zusammenfassung** gebracht, der dann ein längerer Bericht mit Einzelheiten folgt. Welcher der beiden folgenden Texte gehört wohl in die Einleitung, welcher in den Mittelteil des Berichts?

Begründe deine Meinung mit einzelnen Formulierungen in beiden Texten. Die Überschrift lautet: „Braten stank den Kunden“

a) Das Sonderangebot klang so verlockend, da packte die Hausfrau den Rinderbraten gleich kiloweise in den Einkaufskorb. Das böse Erwachen folgte zu Hause, denn der vermeintliche Sonntagsbraten stank bestialisch. Weil sich diese Fälle in dem Lebensmittelmarkt wiederholt hatten, saß die Ladenbesitzerin jetzt auf der Anklagebank.

b) Die Inhaberin schob die Schuld auf ihre Verkäuferin: „Das war eine Aushilfe, die ich daraufhin sofort entlassen habe.“ Ein halbes Jahr später machte eine andere Kundin dieselbe Erfahrung. Auch diesmal wurden Prüfer eingeschaltet, die wiederum Proben mitnahmen, deren Ergebnis nicht einwandfrei war.

AUFGABE 11

Denke dir **zusammenfassende Einleitungen** unter folgenden Überschriften aus:

Schäferhund biss Kleinkind

Rentnerin schlug Taschendieb in die Flucht

Papagei verriet Einbrecher

Zwölfjähriger steuerte LKW von Köln nach München

AUFGABE 12

Die folgenden Berichte von einer Skifahrt mit der Klasse werden bei einer Schülerzeitung als Beiträge eingereicht. Welcher der beiden wird wohl genommen und warum?

„Als wir in Zell angekommen waren, wurde ausgepackt. Dann gab es Abendessen. Darauf zeigte uns unser Lehrer einen Skifilm. Dann holten wir unsere Spiele aus den Zimmern. Danach hieß es dann, ins Bett zu gehen. Denn der nächste Tag sollte hart werden …“

„Vom 17. bis zum 27. Februar machten wir unsere erste langersehnte Skifahrt. Als wir endlich in Zell angekommen waren, wurde auf die Zimmer gestürmt und rasch ausgepackt. Nach dem Abendessen zeigte unser Klassenlehrer einen Skifilm. Lustiger wurde es dann erst, als wir unsere Spiele aus den Zimmern holen konnten. Leider mussten wir früh ins Bett gehen, weil unser erster Skitag hart werden sollte …“

AUFGABE 13

a) Die folgenden Texte sind Auszüge aus Zeitungsberichten. Überlege: Gehören sie in die Einleitung, den Hauptteil oder den Schluss?

b) Vervollständige die Texte aus deiner Fantasie, so dass aus ihnen vollständige Texte mit Einleitung, Hauptteil und Schluss werden.

1. In den vergangenen Tagen hatten die Meeresbiologen von Okeanos vergeblich versucht, ‚Flipper', wie die New Yorker den verirrten Delphin bereits nach einem bekannten ‚Fernsehstar' getauft haben, mit Hilfe von allerlei Geräuschen dazu zu bewegen, das verschmutzte und verkehrsreiche Gewässer des East River in Richtung Atlantik zu verlassen.

2. Der Wagen durchbrach eine Schutzplanke, überschlug sich und landete mit himmelwärts gerichteten Rädern auf einem Feldweg.

3. Der Mann hatte von einem Hersteller von Fertiggerichten drei Millionen Mark verlangt. Er drohte damit, mit Glassplittern versetzte Produkte des Unternehmens in die Regale von Supermärkten zu stellen.

7

Von besonderen Ereignissen genau berichten

Martina ist von einem Auto angefahren und leicht verletzt worden. Der Autofahrer hatte übersehen, dass sie als letztes von einer größeren Gruppe von Schulkindern aus der Bahn sprang, um die Straße zu überqueren. Er hätte warten müssen, damit alle Fahrgäste ungefährdet den rechten Fahrbahnrand erreichen konnten.
Im Krankenhaus erzählt Martina ihrer Freundin Petra:

> „Ich sprang aus der Bahn, dann fühlte ich einen ganz starken Stoß. Ich glaube, ich habe laut geschrien. Ich sah noch, dass das Auto rot war. Dann wurde es dunkel, und ich weiß nichts mehr."

In einer ersten Vernehmung durch die Polizei gibt der Fahrer, Herr Möllers, zu Protokoll:

> „Am 20. 6. um 7.20 Uhr befand ich mich auf dem Weg zu meiner Arbeitsstelle, dem Bankhaus Tresorius u. Söhne. In der Zeppelinstraße musste ich wegen einer Straßenbahn anhalten, um die Fahrgäste aussteigen zu lassen. Es regnete, und meine Scheiben waren ziemlich stark beschlagen. Die meisten Fahrgäste waren Schulkinder, die aus den Türen drängten und dann die Straße überquerten. Als niemand mehr ausstieg, fuhr ich langsam an. Plötzlich sprang noch ein kleines Mädchen auf die Fahrbahn. Ich trat sofort auf die Bremse, erwischte das Kind aber noch mit der linken Ecke der Stoßstange. Ich stieg aus meinem Wagen und bat die umstehenden Personen, einen Krankenwagen zu holen."

AUFGABE

1 Schau dir die folgenden W-Fragen an und trage in die Tabelle unten die Informationen aus beiden Berichten ein, die jeweils Antwort auf diese Fragen geben.Welcher der beiden Berichte enthält die meisten Informationen?

Was hat sich ereignet?
Wer war beteiligt?
Wo ist das Ereignis passiert?
Wann ist das Ereignis passiert?
Wie hat es sich im Einzelnen zugetragen?
Welche Folgen haben sich aus dem Ereignis ergeben?

	Martinas Bericht	Herrn Möllers Bericht
was?		
wer?		
wo?		
wann?		
wie?		
welche Folgen?		

MERKE

Denke immer wieder an die ‚W-Fragen', wenn du von einem Ereignis berichten willst. Diese Fragen helfen dir beim Erinnern und beim Ordnen des Erlebten.

AUFGABE 2

Schau dir die Bilderfolge auf der nächsten Seite an und berichte, was passiert ist. Beantworte, soweit es geht, die W-Fragen und achte besonders auf die Reihenfolge. Erzähle alle wichtigen Ereignisse in ihrer zeitlichen Abfolge. Mache keine Rückblicke.

AUFGABE 3

Verfasse nun selbst zu einem der beiden folgenden Ereignisse einen möglichst genauen Bericht. Mache dir dazu zunächst Stichworte mit Hilfe der W-Fragen:

- Schäferhund warf Radfahrer um
- Schüler verliert bei Prügelei auf dem Schulhof einen Zahn

Zwei Polizisten haben einen Einbrecher festgenommen. Jeder der beiden Polizisten schreibt einen Bericht:

„Mein Kollege und ich nahmen gestern nach einem kurzen Schusswechsel einen lange gesuchten Einbrecher fest. Der Täter wurde leicht verletzt. Andere Personen kamen nicht zu Schaden. Ungefähr gegen Mitternacht konnten wir unseren Dienst beenden. Das Ganze begann damit, dass uns eine Frau anrief und von verdächtigen Geräuschen in ihrer Nachbarwohnung berichtete ……"

„Am Dienstag, den 20.6.1990 wurden wir gegen 22.45 Uhr in die Moselstraße 70 gerufen. Die Anruferin, Frau Meister, wohnhaft im selben Haus, III. Stock, teilte mit, dass sie in der Nachbarwohnung verdächtige Geräusche gehört habe. Sie wisse sicher, dass sich ihre Nachbarn zur Zeit in Urlaub befänden. Kollege Schütze und ich trafen um 22.55 Uhr am Tatort ein und ließen uns von Frau Meister die Haustüre öffnen ……"

7 ZENTRUM
Büro
POLIZEI

AUFGABE

4 Was unterscheidet die beiden Berichtsanfänge?

AUFGABE

5 Setze den geeigneten Berichtsanfang fort und verwende dabei die Informationen aus der im folgenden aufgeführten Liste. Achte darauf, dass die Informationen in die richtige Reihenfolge gebracht werden.

Täter Hermann Schweiß, Streifschuss am rechten Oberschenkel, drei Schüsse von Polizisten abgefeuert, Einbrecher wollte Schusswaffe ziehen, Wohnungstüre aufgebrochen, Krankenwagen benachrichtigt, Tresor aufgebrochen, mehrfach vorbestraft, Geschädigte telefonisch gegen 23.40 Uhr am Urlaubsort benachrichtigt.